日本語人称詞の
社会言語学的研究

鄭　惠先 著

J-C *LCP*

日本語・日本語習得研究博士論文シリーズに寄せて

　博士学位は運転の免許に例えられることがある。一理ある考え方である。人は、運転が十分に上手になってから免許を取るのではなく、最低限の知識と技能を身につけた段階で初めて免許を取り、それから一生懸命に車を走らせて技術を上達させていくからである。

　しかし、立場を変えれば、これは盲点のある例え方だと評することもできる。なぜなら、免許の取り方と学位の取り方とではその性格に大きな開きがあるからである。免許を取る訓練の段階では、指導教官が隣の席に座って丁寧に教えてくれるが、それでも、よほど危険な状況に遭遇しない限り、運転に直接手を貸すことはない。また、免許を取得できるかどうかが決まる試験に際しては、あくまで受験者が自力のみで努力し、うまく行かなかったら、一律に不合格になる。

　一方、博士学位の場合はどうか。まず博士論文の作成においては、発想から表現まで指導教員が惜しまずに力を貸すことがある。さらによくないのは、そうしておきながら、一旦審査する段階になると、同じ教員が主査を務めてしまうことにある。このような調子だから、「手前味噌」の滑稽劇がひっきりなしに展開される。これによって、学位を取った人の一部は、学位を取った日が研究を止める日になってしまう。なぜなら、一人では研究を続けていくことができないからである。

　このような滑稽劇を根絶するためには、体制の根本的な改革が必要であり、教員の一人二人の努力だけではどうしようもない。しかし、このシリーズの企画に際しては、せめてこの風潮を助長しないように注意を払っていくつもりである。つまり、執筆候補者の選定に関して、学位申請に必要とされた「博士論文」を見るだけではなくて、学位取得から一定以上の年数が経過しても、依然として弛まず研究を続けられていることを必須条件として定めているのである。

　こうすることで、このシリーズの著者たちは、本書の背表紙に刻まれた著者名だけでなく、学会や研究会の壇上で活躍する実際の姿と、学会誌の目次や研究会のプログラムに頻出する名前とが、常に三位一体となった動的な存在であることが保証されるであろう。シリーズの刊行が学問隆盛の一助となることを切に望む次第である。

大阪府立大学　張　麟声

目　次

まえがき

　本書は 2003 年 3 月に大阪府立大学にて学位授与された博士論文に加筆修正を行ったものである。書名のとおり，本研究では日本語人称詞について社会言語学的観点から考察を行った。序章と終章を除く本論は大きく 3 つの部に分かれ，それぞれの部は 2 章ずつで構成されている。第一部では「日本語人称詞の通時的変遷と共時的相違」，第二部では「韓国語との対照から見た日本語人称詞」，第三部では「人称詞の周辺形式としての複数形接尾辞」という観点から，文学作品などの文献資料や日本語と韓国語母語話者に対する意識調査を用いた分析の結果をまとめている。

　第 1 章では，時代別の文学作品に表れる人称詞の傾向を調べ，日本語人称詞を通時的に考察する。第 2 章では，日本語母語話者を対象に行った意識調査の結果をもとに，日本語人称詞を共時的に考察する。

　第 3 章では，日本語と韓国語で書かれた現代小説の対訳資料を分析し，両言語の人称詞を対照する。ここでは，日本語より韓国語で人称詞が多用される要因として，「授受表現と受動文」「名乗り表現」「勧誘表現」「抱合的視点の用法」「再帰代名詞の使用範囲」に注目する。第 4 章では，日本語母語話者と韓国語母語話者を対象に行った意識調査の結果をもとに，前章での対訳資料での分析結果をあらためて検証する。

　第 5 章では，映画シナリオの分析と日本語母語話者に行った意識調査の結果を通して，日本語の複数形接尾辞「たち」と「ら」の使い分けについて考察する。ここでは，「たち」と「ら」の使い分けに影響する要因として，「関東・関西」「男性・女性」「丁寧体・普通体」「聞き手包含・非包含」に注目する。第 6 章では，文学資料の分析と日本語と韓国語母語話者を対象に行った意識調査の結果を通して，両言語の複数形接尾辞を対照する。ここでは，日本語に比べて韓国語での複数形接尾辞の使用頻度が高い要因として，「普通名詞との共起」「複数名詞との共起」「近似複数としての用法」に注目する。

　以上が本書の大まかな内容であるが，冒頭で触れたとおり，本研究が初めて発表されたのは 2003 年である。当時，考察の対象とした文学作品の資料は 1895 年から 1999 年までのものであり，本研究ではこれらの 32 作品を第 1 期から第 3 期に分けて比較，分析を行っている。また，両言語母語話者への意識調査の実施時期も 2001 年 10 月から 11 月にかけてである。これらの分析，調査か

ら15年以上が経っている現在において，本書の中で述べている分析結果や主張などにどれだけの信頼性が担保できるかについては，著者自らも疑問が残るところである。

　欲を言えば，文学作品においては，2000年以降の作品を第4期として追加分析し，同じような傾向が見られるかどうかを明確にすることで，本研究が発表された2003年当時の予測に対する有効性を確認することも意義があることだろう。また，意識調査においても，同じ設問を用いた調査を両国で再び行うことで，15年間の意識の変化を捉えることができると考える。残念ながら，本書の発行に際しては筆者の力が及ばず，そこまでの追加調査は叶わなかった。これらの課題への取り組みについては，ぜひこれから活躍する若手研究者の皆さんに期待したい。ちなみに，2003年の本研究の発表以降に新たに発表された日本語人称詞に関する論考や日韓人称詞の対照研究については，本文の注釈の中で【追記】としていくつか紹介している。

序章
本研究の目的と先行研究

1．本研究の目的

　本研究では，西欧言語とは異なる日本語の人称表現の特徴にもとづき，社会言語学的側面から日本語人称詞を考察する。文献資料や意識調査などの調査方法を取り入れ，さまざまな側面から考察を行うことで，日本語人称詞の全体象を確立することを本研究の目的とする。

　従来の研究の中で日本語人称詞に関する考察はなされてきたものの，いずれも断片的な分析と結論にとどまっており，より具体的かつ総括的な研究が必要であった。したがって，本研究では，より包括的な観点で日本語人称詞についての考察を行い，今後の人称詞研究の領域をさらに多様化・拡張していきたいと考える。そのために，本研究では，日本語と韓国語における人称詞の対照と，人称詞の周辺形式としての複数形接尾辞の考察にまで研究の範囲を広げた。また，これらの研究にあたって，数値による裏づけを研究方法の基本として心がけることで，計量的な研究としても研究の意義が認められるように努める。

　まず，ここで「人称詞」という用語について見解を述べておきたい。

　日本語では，直接的な言及である代名詞の使用をできるだけ避け，名称として使われる職位名や職業名，とりわけ呼称として多く使われる親族名称などを，人称詞として用いる傾向が強い。つまり，「わたし」「おれ」「あなた」「おまえ」などのいわゆる人称代名詞だけではなく，「看護師さん」「お巡りさん」などの職業名，「お父さん」「姉ちゃん」などの親族名称，ひいては「お客さん」「課長」などの身分・職位名までもが，人称詞として用いられている[1]。

　これは，場面や待遇度を重視する日本語人称詞の特徴によるものである。鈴木（1973）では，西欧言語での「一人称代名詞」「二人称代名詞」という区別の代わりに，「自称詞」「対称詞」という用語が用いられており，これは西欧言語と異なる日本語人称詞の現状を踏まえた上での用語で，非常に賛同できる区別

---

[1]　田窪（1997）では，このような，人称代名詞と区別される職業名，親族名称，身分・職位名などを「定記述」と名づけている。今後，本書では田窪（1997）の定義を基本として，人称代名詞と名前などの固有名詞を除いた形式をまとめて，定記述と呼ぶことにする。

2

である。本研究では，日本語人称詞が主な研究対象であるため，「人称代名詞」という西欧言語での用語ではなく，鈴木（1973）にもとづき，「自称詞」「対称詞」「他称詞」という用語を使用し，この３種を合わせて「人称詞」と呼ぶことにする[2]。しかし，ここで断っておきたいのは，本研究での「人称詞」という用語は，あくまでも「人称代名詞」や「定記述」，「固有名詞」という用語の上位概念として用いられており，日本語での「人称代名詞」という概念自体を否定しているわけではないということである。

　ただし，本研究では，人称詞の中でも自称詞と対称詞を主な考察の対象とする。その理由は，言語活動の基盤をなすものは，話し手（自称詞）と聞き手（対称詞）だと考えるからである。この両者が言語の「人称」を支えるものであり，他称詞によって指示される人は，話し手と聞き手の対話の中で取りあげられる伝達の材料にすぎない。そのため，他称詞は自称詞・対称詞とはやや性質を異にするものだと考えられる[3]。さらに，本研究での対象は，呼称として用いられた人称詞は含まず，文内指示として用いられた人称詞のみとする。

　つぎに，本研究でもっとも注目する日本語人称詞の特徴となる，「待遇度」と「省略」について触れておく。

　西欧言語での人称代名詞は，話し手を指すのか聞き手を指すのか，それとも第三者を指すのかという区別だけの絶対的な個々を表している。一方，日本語での人称詞は，話し手と聞き手の関係，またそれに第三者との関係までもが複雑に絡み合い，お互いの関係による待遇度にもとづいた相対的な個々を表している。よって，われわれは自分が置かれた状況に合わせて，発話の中の述語形式とともにその都度自称詞と対称詞をも変えていかなければならない。

　さらに，人称詞の使い分けには，人称詞そのものが持つ待遇度だけではなく，地域や年齢，性別などの話し手の属性が大きくかかわっており，各属性によっても違いが見られる。このように，日本語人称詞は，発話内容や聞き手との関係，話し手の属性など，さまざまな条件に影響されて使い分けられているのである。

2　「他称詞」という用語は田窪（1997）による。
3　この論について，堀井（1970）は，「人称代名詞として分類されるものは，一般に一人称，二人称，三人称を含むものとして定義づけられている。しかし，「私」「あなた」「彼」を同等に取扱ってよいものであろうか。一人称，二人称については，人称の観念は当てはまるかもしれないが，三人称については人称の観念は廃止すべきではないか。(p.142)」と述べている。

　西欧言語と異なる日本語人称詞のもう1つの特徴として，西欧言語での人称代名詞に比べて文の表面に明示される割合が低く，省略される傾向が強いことをあげることができる。前述したように，日本語での人称詞は待遇的な性格が強いので，場面と関係に相応しい的確な人称詞を選択するのは難しく心理的な負担も大きい。そのため，日本語ではできるだけ文の表面に人称詞を明示せず会話を済ませようとする傾向があると考えられる。

　この傾向は，人称詞の中でもっとも広い範囲を占めている人称代名詞に強く見られる。このような特徴と関連して，鈴木（1973）には，日本語の人称代名詞が「タブー語」の一種であると説明されている[4]。とりわけ，日本語の中で対称代名詞を使うケースはむしろ極めて限られており，これについては金丸（1993）でも言及されている[5]。

　前述したように，日本語では人称代名詞のほかに親族名称や職業名，身分・職位名などの定記述類も人称詞として多く用いられる。なお，同年配や年下を聞き手にした場合は，名前や愛称などの固有名詞がよく使われる。日本語人称詞が絶対的な個々でなく待遇度を重視した相対的な個々を表しているからこそこのような多様な形式が使われているのだが，これらの人称詞がすべての場面に完全に対応するわけではない。そのため，実際の発話場面ではできるだけ人称詞を省略しようとする意識が生じると考えられる。

　また，英語などの言語では主語が必要不可欠な要素であるが，日本語ではそうでないということも人称詞の省略と大きくかかわっている。日本語は西欧言

4　鈴木（1973）は，「（前略）現代日本語のいわゆる人称代名詞が，自分及び相手そのものを直接に指し示すことばを持たず，常に間接迂言的な表現を用い，しかも歴史的にも頻繁に交差してきたという事実は，正にタブーの性格を持っていると言わねばならない。たしかに日本人は，前にも述べたように，できるだけ会話の中で人称代名詞を使わないで済まそうとする傾向が今でも強いのである。（p.145）」と述べている。

　　また，「要するに現代日本語では，ヨーロッパ語に比べて数が多いとされている一人称，二人称の代名詞は，実際にはあまり用いられず，むしろできるだけこれを避けて，何か別のことばで会話を進めていこうとする傾向が明瞭である。これと比較すると，一つまたは二つの，数少ない人称代名詞が，しかし口を開けば必ず繰り返し繰り返し出てくるヨーロッパの言語は，日本語とは著しく性格を異にすると言えよう。（p.133）」という記述も見られる。

5　金丸（1993）は，対称詞についての記述の中で，「日本語では，二人称代名詞をできるだけ明示しないという傾向がある。文脈でわかる限りはなるべく省略する。特に目上の人に対して使うことは失礼であり，相手が自分と同輩，または目下の場合にのみ使うことができる。（p.110）」と述べている。

語と違って主語のない述語だけでも十分基本文として成り立つ[6]。人称詞は，述語の動作主などとして主語の位置に据えられやすい。よって，文法上ある言語で主語省略が可能か否かという条件は，その言語による発話での人称詞の出現頻度に直結しているのである[7]。

　以上，西欧言語での人称代名詞とは異なる日本語人称詞の特徴について，待遇度による使い分けが必要であるという点と，人称詞を文の表面に明示せず省略する傾向が強いという2点に注目して述べた。このような日本語人称詞の特徴は，実質的な人称詞の使用場面のさまざまな箇所で重要な影響を与えており，これらの特徴をしっかり踏まえた上での日本語人称詞の考察は，その全体像を把握するための第一歩であると考える。

2．本研究の構成と先行研究の検討
2．1　日本語人称詞の通時的変遷と共時的相違

　まず，日本語人称詞の通時的変遷について述べる。

　人称詞は古い日本語の歴史の中で変遷を重ねつづけてきた。歴史的な観点から見た人称詞の変遷について初めて論じたのは，佐久間（1937）であるといわれている[8]。その研究の中には，日本語の人称詞が待遇度と関連してどれほど変化を重ねてきたかが指摘されている。鈴木（1973）も，日本語の人称詞の歴史的背景を把握するためには佐久間（1937）が重要な文献であるとし，つぎのよ

6　先行研究の多くでは，日本語では主語という概念自体が不要なものであり，「主語省略」という考え方そのものに矛盾があると主張している。これはもちろん十分説得力のある論で筆者も同調するところであるが，ここでは記述の便宜上「省略」という用語を使うことにする。日本語での主語不要について論じている文献として金谷（2002）があり，つぎのようなことが述べられている。「日本語には主語の概念は不要である。日本語の構文は朝鮮語や中国語などと同じく，述語だけで基本文として独立している。言語類型論（タイポロジー）における語順比較では，世界中の言語をS（主語）をあたかも普遍的事実でもあるように扱っているが，実は主語の概念は普遍的ではないから，抜本的な改正が必要である。（p.57）」

7　たとえば，水谷（2001）では日本語文と英語文における主語の顕示と暗示について考察して分析を行っている。この分析結果から見ると，英語の会話体での主語顕示率が100%なのに対し，日本語の会話体では主語の顕示率が33%，暗示率が67%である。もちろん，ここでの主語は人称詞だけではなく無生物なども含まれている。しかし，主語と人称詞のつながりが非常に強いことを考慮すると，日英語の人称詞の比較において意義のある結果であろう。

8　ただし，本書では，同氏の『日本語の言語理論的考察』，三省堂，1943年に再録されたものによった。

うに述べている。

　　話し手が自分を指す代名詞はどれも，新しく使用され始めた時は，相手に
対して自分を卑下する意味内容を持っているが，長く使用されるにつれて，
段々と自分が相手に対して尊大にかまえる気分を表わすようになり，ついに
相手を見くだす時にだけ使えることばに変化し，一般の使用から脱落してい
く。（中略）さて佐久間氏によれば相手を指すことばとしての二人称代名詞に
於いては，自分に言及する一人称代名詞のときとは正に反対の変化が生じて
いる。たとえば，「てまえ」「きさま」など，元来は相手をうやまい敬する良
いことばであったのだ。それが使われるにつれて，相手を低く見ることばと
なり，ついには相手を罵り，いやしめる悪いことばか，極めて親しい交友関
係にのみ許される，ぞんざいなものになり下がってしまった。（pp.142-144）

　このように，古代から現代までの長い歳月にわたる人称詞の変遷を巨視的な
視点から見てみると「敬意の漸減」という特徴が見られ，各人称詞の待遇度が
着実に低くなってきているのは明瞭である。しかしながら，このような日本語
史的な見方をそのまま現代日本語での通時的考察に適用していいのだろうか。
考察対象を現代日本語での人称詞にしぼってみると，歴史的な観点から見る変
遷とは異なる傾向が見えてくる。
　2000年前後に発表された人称詞に関する先行論文には，現代日本語での人称
詞の変化についての多様な見解が見られる。小林（1999）では談話資料の分析
を行って，「改まった場面で女性は「わたくし」，男性は「わたし」を用い，「あ
たし」「おれ」はくだけた場面で多く使われる」という従来の基準を認めつつ，
一方では，女性の自称詞「わたし」と「あたし」に関連してつぎのような指摘
がなされている。

　　（前略）その使い分けはきわめて緩やかで，基準にはまらない例も多数見ら
れるといえる。特に20代では年上の相手にも「わたし」と同様に「あたし」
を用いるなど，自称代名詞が基準にとらわれない自由な意識で用いられるこ
とによって，その待遇的な意味が希薄になっていることもうかがえ「絶対的
な個を表す」自称代名詞へと一歩踏み出しているともいえそうだ。（p.123）

6

このような言及は，金丸（1993）や野元（1987）などでは見られなかった指摘で非常に興味深い。これは，日本語の自称詞が，待遇的役割の高かった時代から単なる聞き手に対する話し手を表す時代へと変化しているという予測を可能にする。先行論文の中で，野元（1987）と小林（1999）を比較してみると，「ぼく」の待遇度についての認識が若干異なっていることがわかる。まず，以下に野元（1987）を引用する。

　子どもの場合は相手がだれであろうと『僕』を使うことも許されますが，ある程度の年齢になったら，同輩以下に対して自分を示すときはいいのですが，その他は不適当です。つまり，これは同輩以下に使うのが原則ですから，これを使うと尊大ととられるおそれがあります。(pp.105-106)

　一方で，発表年度が遅い小林（1999）ではつぎのように述べられており，野元（1987）に比べて「ぼく」の待遇度を高く捉えていることがわかる。

　「おれ」を使う人は特にあらたまった場では自称を替えることを考えなくてはならないかもしれない。しかし「ぼく」を使用している人は，そのような場で文体を丁寧にする場合に自称は変更する必要は少ない。なお2つの自称代名詞を使い分けているうちの1人は「わたし」と「おれ」，2人は「ぼく」と「おれ」を使っており，これも「ぼく」がくだけた「おれ」よりはむしろ「わたし」に近い待遇的位置にあることを示している。(p.126)

このように，現在われわれが使用している現代日本語の範疇内でも人称詞の通時的変化は明瞭である。個々の人称詞が持っている待遇度も絶対的なものではなく時代によって変化し続けているのである。本研究では，従来の歴史的な視点ではなく，現代日本語の中での人称詞の変化に焦点を当てて分析を行うことで，人称詞の新たな具体的傾向を明らかにしていく。
　つぎに，日本語人称詞の共時的相違について述べる。
　ことばの変化には，時代による変化だけではなく，社会による変化もある。共時的空間の中でも，性別，地域，年齢などの話し手の属性によってことばは変わっていく。たとえば，日本語の人称詞には女性語と男性語が明確に存在する。一般に「ぼく」と「おれ」「わし」は男性専用の自称詞，「あたし」は女性専用

の自称詞と認識されている[9]。このような明確な区別は，英語などの西欧言語で
はもちろん，構造的に日本語と似ているとされる韓国語でも見られないもので
ある。

　また，地域という要素も人称詞の使い分けに多大な影響を与える。人称詞と
方言とのかかわりは非常に強く，地域によっては女性が「わし」を用いるなど，
性別に反するケースも珍しくない。さらに，社会的な変化の中には世代差もある。
これはそれぞれの年齢層によって用いる人称詞が変わってくることを指し，時
代差という通時的な変化とは異なる。たとえば，小学生のときは自分のことを「ぼ
く」と言っていた男の子が，中学生になったら自称を「おれ」に替えることは，
よく目にする人称詞のシフト現象である。

　しかし，人称詞の社会的な変化にかかわる要素は話し手の属性だけではない。
第1節でも触れたように，日本語人称詞は待遇度に大きく影響されるため，聞
き手との関係，発話場面の丁寧度などによっても使い分けられる。現代日本語
での人称詞における発話場面や聞き手による待遇度について，金丸（1993）は
つぎのようにまとめている。

　　「ワタクシ」は「ワタシ」よりフォーマルであり，多く目上の人に対して用
　いられる。（中略）「ボク」や「オレ」は一般的に男性専用語であり，「ワタクシ」
　や「ワタシ」よりインフォーマルに使われる。（中略）「アタシ」も女性専用
　語で男性の「オレ」と同様，フォーマルな場面では用いられない。（pp.109-110）

　また，対称詞の待遇度についてはつぎのように記述している。

　　「アナタ」は，男女共通にフォーマルな場面で用いられる。（中略）「オタク」
　は，フォーマルな場面で，ほぼ同等のそれほど親しくない相手に対し，軽い
　敬意を込めて使われる。「きみ」は，同等または目下の相手について呼びかけ

9　女性による「ぼく」「おれ」の使用について議論されることがあるが，これは非常に限
　られた使い方であるため，ここでは扱わない。これに関連して，れいのるず（1997）は，
　「「ボク」は話し手が男の場合しか使えないという規範は文法化されていて（変形文法なら
　ば，語彙部門の規則），この規則に対する違反は，「文法違反」になる。（中略）たしかに，
　若い女性が私的な場面で「ボク」を使う現象が広がっている。しかし，たいていの女性は
　大学卒業までには「ワタシ」に回帰しているのであって，大人の社会では「ボク」は依然
　として男用でしかない。（pp.207-208）」と述べている。

8

る語である。「オマエ」は，対等もしくは下位者に対して用いられるが，親愛の意を込めて用いる場合もある。(p.110)

　本研究では，以上のような日本語人称詞に対する共時的な視点での先行研究を踏まえた上で，ここで提示したさまざまな要素が日本語人称詞の社会的変化にどのように絡んでいるのかを明らかにしていく。

２．２　韓国語との対照から見た日本語人称詞

　特定言語のある特徴を考察していく過程で，他言語との対照を通して両者間の共通点と相違点を明らかにすることは，有効な方法論の１つになる。したがって，本研究では日本語人称詞の特徴を浮き彫りにするため，韓国語人称詞との対照研究を方法論として取り入れる。

　第１節で触れたように，日本語には西欧言語での定義による「人称代名詞」のほかに人を表すことばが多く，「お父さん」「課長」「先生」などの定記述類と「名前」「愛称」などの固有名詞が頻繁に使われる。このような日本語における人称詞の特徴は，韓国語にもそのまま適用できる。また，英語のように主語が文法的に必要不可欠な要素ではなく省略が可能な点でも日本語と韓国語は非常に似ている。

　そのため，従来の研究の中で，日本語と韓国語の人称詞については，共通性が強調されるだけで対比的な考察があまり行われていなかった。その中で，金(1986)は貴重な論考であり，これは小説を利用して日本語と韓国語の自称詞と対称詞を考察したものである。しかし，この論考にはいくつかの課題が残っている。

　まず，資料として用いられた小説の年代がすでに古くなっている。もとの小説は1940年代から1960年代にわたって書かれたもので，翻訳版も1960年代から1970年代のものである。その上，この論考で取り扱っている小説資料は，日本語の小説を韓国語訳したもののみであり，両言語を対等な立場から考察しているとは考えにくい。

　本研究では，このような先行研究での問題点を補いながら，より広範囲での対照研究を進めていきたいと考える。日本語人称詞と西欧言語の人称代名詞の間に著しい違いが見られるのに比べると，確かに日本語と韓国語の人称詞の間には表面的に大きな違いは見られない。しかし，基本的な枠組みが似ていても，

実際の運用において日本語と韓国語の人称詞は異なる側面を多く持っている。金（1986）も両言語の人称詞が多くの共通点を持っていることを認めつつ，韓国語には日本語に比べて人称代名詞の種類が少ないことや，逆に韓国語には定記述類の種類が非常に多様であることなど，両者の違いについて述べている[10]。

　本研究では，以上のような観点から考察を進め，実際の使用場面で現れる日本語と韓国語の人称詞の違いを明らかにしていく[11]。

2.3　人称詞の周辺形式としての複数形接尾辞

　日本語の人称詞が待遇度と強くかかわっていることは，くり返し強調してきた。このような傾向は，人称詞に後接する複数形接尾辞においても同様であり，人称詞と複数形接尾辞は待遇度という共通項によってしっかりと連結していると考えても過言ではない。野元（1978）は，人称詞に後接する複数形接尾辞の待遇度について，つぎのように述べている。

　　日本語では敬語が大切ですから，複数についても人間のことをいうところに重点がある，ということは当然考えられるところです。日本語の複数を示す接尾辞としては，「たち」「ども」「がた」などがあります。そのほか，「殿原」の「ばら」などというものもあります。そしてこのような接尾辞はすべて敬語，つまり待遇ということに関係しているというところが重要だと思うのです。（中略）このように，これらの複数形は，敬語と結びつきますから，上にも申しましたように，人間についていうのが主体です。（pp.17-18）

　日本語複数形接尾辞の種類とそれらの待遇度について述べている論考は少なくない。古くは松下（1930）から，野元（1978）や森田（1980），佐竹（1999）などの先行研究がある[12]。この中から，野元（1978）での記述を引用するとつ

10　韓国語の定記述類，とりわけ親族名称が多様な理由について，金（1986）はつぎのように述べている。「全体的に見て韓国語の方が日本語より親族名称が豊かでその使い分けが複雑である。その理由としてはまず第一に話す本人の男・女の別によって対称詞として用いられる親族名称が異なることである。（p.14）」

11　【追記】本論文の発表以降の日本語と韓国語の人称詞対照研究として，宋（2009）がある。これは博士学位論文であるが，日本語と韓国語，中国語の3言語における人称詞を，テレビドラマを分析対象として社会言語学的，構文論的観点から考察している。

12　松下（1930）には，「「ら」「たち」「ども」「がた」は複数又は例示の語である。そうして「ら」は平称，「ども」は卑称，「がた」は尊称である。「たち」は本来は微弱な尊称であったが今では平称にも用いる。（p.365）」との記述がある。

ぎのようである。

　「がた」というのは，目上の人について使うのが普通でありましょう。「先
生がた」などというように。これに対して「たち」や「ども」は，自分の側
についていうことが多いようです。自分の側に属していなくても，話し相手
よりも低く待遇していいものについて使います。そのうち「たち」はそれで
もそうそのものを低めてはいないで，低めてはいるもののやや中立的となり
ます。これに対して「ども」はもっと，それがついているものを低めるとい
う機能を持っていますから，自分の側についていうときは謙譲語と結びつく
率が高くなります。（中略）そのほかに「ら」というのもあります。「たち」
と似たところがあると思います。（pp.17-18）

　このように多数存在する日本語の複数形接尾辞の中で，幅広く使われるもの
として「たち」と「ら」を取りあげることができる。松下（1930）には「たち」
と「ら」の語源に関する言及があり，とりわけ，「ら」の使用範囲についてつぎ
のような記述が見られる。

　「ら」は東京語ではあまり使わない。「百円かそこらの金」「いく<u>ら</u>です」「此
処方<u>ら</u>」「其処方<u>ら</u>」「彼処方<u>ら</u>」「何処方<u>ら</u>」など場所や数量の指示に用いる。
「我<u>等</u>」「彼<u>等</u>」など云うのは卑俗の語である。「僕<u>等</u>」「君<u>等</u>」「此れ<u>等</u>」「其
れ<u>等</u>」などいうのは文語の利用である。「お前<u>ら</u>」「私<u>ら</u>」「あの人<u>ら</u>」「子ど
も<u>ら</u>」などいうのは方言である。（p.366）

　この論考は発表から 70 年以上が経っており，上記の引用内容は現在での「ら」
の使用についての意識とはかなり隔たりがある。また，佐竹（1999）では「たち」
と「ら」の待遇差，両者の言い替えの問題点などについて触れており，両者の
使い分けに関する研究の必要性を唱えている [13]。

13　佐竹（1999）は，「ら」を中心に新聞での使い分けの基準などについてつぎのように述
　べている。『言葉に関する問答集 5 』（文化庁，1979 年）では，（中略）「ら」は，報道な
　どで，事実を客観的に伝えるような場合には，その人の社会的地位・身分，また，目上・
　目下，親疎の関係等にこだわることなく使うことができる。（p.21）」なお，この論考には，「た
　ち」との言い換えについての言及も若干見られるが，問題提起に終わっている。「（前略）「ら」
　と「たち」を言い換えても，今度は軽蔑・蔑視に値する対象を「たち」ととらえることに

　しかし，話し手の属性や発話内容など，社会言語学的な観点から「たち」と「ら」を考察し，両者の使い分けの条件について本格的な分析を行った先行研究は，まったくなかったといっても過言ではない[14]。したがって，本研究では，人称詞の周辺形式として複数形接尾辞を取りあげ，その中でも「たち」と「ら」に焦点を当て，これらが実際の使用場面でどのように使い分けられているかに注目して考察を行う。

　また，日本語の複数形接尾辞の特徴をより具体的に検証するため，韓国語の複数形接尾辞との対照研究をも行う。日本語と韓国語の複数形接尾辞についての対照研究も，ほとんど行われていなかった[15]。両言語の複数形接尾辞について言及している先行論文として山越（2001）があるが，これはモンゴル語を中心とした「複数接尾辞と名詞句階層との関係」についての論考であり，日本語と韓国語の複数形接尾辞を直接的に対照したものとはいえない。本研究では，日本語と韓国語の複数形接尾辞の用法の違いや使用頻度など実際の使用場面での相違に注目し，実質的なデータを用いて分析を行うことで，他言語とは異なる日本語の複数形接尾辞の特徴を明らかにしていく。

3．本研究の方法

　以上のこれまでの研究の流れを参考にしつつ，本研究はつぎのような方法で進めていく。

　第一部は，「日本語人称詞の通時的変遷と共時的相違」に関する考察である。まず，第1章では，日本語人称詞の通時的変遷について考察するために，時代別の文学作品を分析する。作品を時代別に「近代」と「現代前期」，「現代後期」の3つに分けて，各文学作品の中で日本語人称詞がどう変わってきたかを探っていく。とりわけ，日本語人称詞の中でも男性専用の自称詞といわれる「ぼく」と「おれ」に焦点を当て，時代による待遇度の変化について考察する。つぎに，

異論が出るだろう。「ら」と「たち」を使い分けるにしても，その明確な基準ができないだろう。（p.22）」

14　【追記】本論文の発表以降の研究である上林（2017）では，複数形接尾辞「ら」の形態的特徴や意味・用法について方言の観点から述べられているが，これも「たち」と「ら」の使い分けに焦点を当てた論考ではない。

15　【追記】本論文が発表されてから，日本語の「たち」と韓国語の複数形接尾辞「들 tul」を比較した研究として齊藤（2010）がある。

　第2章では，日本語人称詞の共時的相違について考察するために，日本語母語話者を対象に行った意識調査の結果を分析する。調査は関東と関西で行っており，地域をはじめ性別，世代などの要素が，日本語人称詞の使い分けにどのように影響しているかを探っていく。

　第二部は，「韓国語との対照から見た日本語人称詞」に関する考察である。まず，第3章では，両言語での人称詞の使用実態の違いを考察するために，小説の対訳資料を利用して分析を行う。両言語版で書かれた小説資料を照らし合わせることで，人称詞の使用頻度など日本語と韓国語の人称詞の相違点を明らかにする。さらに，このような頻度差に関連する要因についても探っていく。また，本章では，対訳資料に加えて韓国人日本語学習者の談話データも資料として利用し，日本語教育の側面から見た日本語人称詞についても考える。つぎに，第4章では，前章で明らかにする両言語での人称詞の相違を実質的に検証するために，日本語母語話者と韓国語母語話者を対象に行った意識調査の結果を分析する。頻度差にかかわる要因として，文要素と聞き手との関係，場面を取りあげ，それぞれの条件の下で両言語母語話者の間にどのような意識の差が見られるかを探っていく。

　第三部は，「人称詞の周辺形式としての複数形接尾辞」に関する考察である。まず，第5章では，日本語の複数形接尾辞の中でも「たち」と「ら」の使い分けについて考察するために，映画シナリオと意識調査結果を利用する。話し手の属性と発話内容にかかわるいくつかの要因を提示し，これらの項目が「たち」と「ら」の使い分けにどのようにかかわっているかを探っていく。映画シナリオの分析を通して両者の使い分けの傾向を示し，意識調査結果を通してこれらの傾向を実質的な現状として検証する。つぎに，第6章では，日本語と韓国語の複数形接尾辞を対照するために，文学資料と意識調査結果を利用する。文学作品の対訳資料の中に表れる日本語と韓国語の複数形接尾辞の頻度差に注目し，そこでの頻度差に関連すると考えられるいくつかの要因を考察する。また，両言語母語話者に行った意識調査の結果にもとづき，これらの要因を実状として検証する。この第三部では，x^2検定の方法を取り入れ，仮説に対するより正確な裏づけを試みる。

第 一 部

日本語人称詞の通時的変遷と共時的相違

第1章
文学資料分析による
日本語人称詞の通時的変遷

1．調査の概要

1．1　調査の目的

　本章は，現代日本語の中で人称詞がどのように変化してきたか，その具体的な動向を把握することを目的とする。

　日本語人称詞の使い分けに，聞き手との関係にもとづく発話場面の待遇度が非常に重要な基準になっていることは，序章でもくり返し言及してきた。しかし，序章の2．1で小林（1999）を引用して述べたように，現代のわれわれが使っている日本語の中で，人称詞の待遇度による使い分けの意識は曖昧になってきている。とりわけ，自称詞の選択においては，発話場面と聞き手との関係より，話し手の年齢や出身地など，話し手の属性が大きく影響しているのではないかと推測される。つまり，現代日本語での自称詞は待遇的な意味が希薄になって，絶対的な個を表す自称詞へと変化していると考えられる。

　人称詞は，大きく自称詞，対称詞，他称詞に分けられる。ここでは，この中でも，従来一人称代名詞といわれてきた自称代名詞と，二人称代名詞といわれてきた対称代名詞について，通時的な観点からその変化を考察していく。

　研究対象を自称代名詞と対称代名詞に絞った理由は，名前などの固有名詞類や親族名称などの定記述類は，通時的観点から人称詞の変遷を考察しその動向を表面化するための分析対象として相応しくないと考えられるからである。なお，人称代名詞の中でも他称代名詞に関しては，待遇度の変化に注目して考察を進めていく中では，それほど有効な結果が期待できないと判断されるので分析対象から省くことにする。これは，他称代名詞は発話の中で話題になる人を指すとき用いられるもので，話し手と聞き手の関係に直接的なかかわりを持たないからである。

　日本語の自称代名詞では，「わたくし」「わたし」が，男女共通して標準的に用いられている。これらは男性より女性のほうで幅広く使われているが，その理由は男性専用の自称代名詞「ぼく」「おれ」の存在があるからである。このほ

かに「じぶん（自分）」「わし」などがあり，女性では「わたし」の変形の「あたし」を使う場合も多く見られる[1]。また，対称代名詞としては，「あなた」「きみ」「おまえ」，さらに「あなた」の変形の「あんた」などが使われる。しかし，日本語には目上の人に広い範囲で用いられる対称代名詞が存在しないという意見も少なくない[2]。

　本章では，特に，男性専用の自称詞の待遇度に注目したい。フォーマルな「わたし」，中間的な「ぼく」，インフォーマルな「おれ」という，従来の研究での待遇度に対する意識と，今回取りあげる時代別文学資料の中での「ぼく」と「おれ」の使用実態を比較し，現代日本語での男性自称詞の変遷と現状を明らかにしていく。

　ただし，本研究で取り扱う範囲はあくまでも現代日本語に限られるため，歴史的な観点から行われてきた佐久間（1943）などの先行研究とは出発点が異なる。当然，その解釈も変わってくる。序章で，歴史的な傾向として，日本語人称詞の変化の大きな流れは「敬意の漸減」であることを述べた。しかしながら，現代日本語の枠内で各人称詞の変化を考察すると，また異なる傾向が見られる。

1.2　調査の方法

　時代別の文学資料を利用し，人称詞の変化について検討していく。よって，これらの作品の中の会話文に出現している人称詞を分析対象として使用した。ちなみに，前述したように，本章で分析対象にしている人称詞は，定記述類や固有名詞を除いた自称代名詞と対称代名詞のみである。資料とする文学作品は近代から現代にかけての小説とシナリオであり，その年代を古い順で第1期・第2期・第3期の3段階に分け，各時代の人称詞の出現実態を比較していく。ただし，資料の採取の都合上，第3期にシナリオ資料だけが集中しているが，小説資料の中でも分析対象にしているのは会話文のみであるため，比較資料と

1　金丸（1993）では，「じぶん」が男性専用の自称詞として取り扱われているが，本研究での調査結果によれば，必ずしもそうではなく，地域の影響を多く受けるものと考えられ，関西地域では男女関係なく対称詞としてよく用いられている。このような「人称詞と方言との関連」については，第2章第5節で詳しく考察する。

2　鈴木（1973）には，「現在の日本語には，目上の人に対して使える人称代名詞は存在しないと言っても言いすぎではない。「あなた様」などは，単なる目上というより，その人と親しい交際のない他人を敬して遠ざける気持の多いことばであって，自分の目上だと，はっきり具体的に位置づけることができる相手には使えない」という記述が見られる。

してはまったく問題ないと判断した。資料の詳細は，表1のとおりである。

表1 時代別の作品一覧

「第1期」

	作品名	作家名	発表年度
A	『にごりえ，たけくらべ』	樋口一葉	1895年
B	『破戒』	島崎藤村	1906年
C	『三四郎』	夏目漱石	1908年
D	『歌行燈，高野聖』	泉鏡花	1910年
E	『雁』	森鴎外	1911年
F	『こころ』	夏目漱石	1914年
G	『友情』	武者小路実篤	1919年
H	『雪国』	川端康成	1935年

「第2期」

	作品名	作家名	発表年度
a	『冬の旅』	立原正秋	1966年
b	『花埋み』	渡辺淳一	1967年
c	『ブンとフン』	井上ひさし	1967年
d	『二十歳の原点』	高野悦子	1968年
e	『太郎物語』	曾野綾子	1978年
f	『一瞬の夏』	沢木耕太郎	1981年
g	『女社長に乾杯』	赤川次郎	1984年
h	『新橋烏森口青春篇』	椎名誠	1991年

「第3期」

	作品名	作家名	発表年度
1	『ひみつの花園』	矢口史靖・鈴木卓爾	1997年
2	『傷だらけの天使』	丸山昇一	1997年
3	『うなぎ』	富川元文　他	1997年
4	『ポストマン・ブルース』	サブ	1997年
5	『一生遊んで暮らしたい』	我妻正義	1998年
6	『絆―きずな』	荒井晴彦	1998年
7	『愛を乞う人』	鄭義信	1998年
8	『がんばっていきまっしょい』	磯村一路	1998年
9	『コキーユ～貝殻』	山田耕大	1999年
10	『39 刑法第三十九条』	大森寿美男	1999年
11	『アドレナリンドライブ』	矢口史靖	1999年
12	『皆月』	荒井晴彦	1999年
13	『学校の怪談4』	奥寺佐渡子	1999年
14	『あつもの』	池端俊策	1999年
15	『どこまでもいこう』	塩田明彦	1999年
16	『生きたい』	新藤兼人	1999年

第1期の資料として取りあげるのはA～Hの近代小説8作品で，1895年から1935年までの40年間にわたって発表されたものである。第2期の資料は

a〜hの現代小説8作品で，1966年から1991までの25年間に発表されたものである。第3期の資料は1〜16の映画シナリオ16作品で，1997年から1999年までの3年間に映画化された作品である。第3期の作品は，第1期と第2期の小説資料に比べて年代の幅が狭く，直近の人称詞の現状を把握するのにもっとも有効であると考える。さらに，ことばの変化に注目する調査において，分析対象の年代の幅を徐々に狭めていくのは望ましい方法であると考えられる。

　本章の目的は，文学資料での人称詞の使用実態を調査することであるため，作品の選択には十分配慮した。選択基準としたのは，会話体が中心になっていること，できるだけ一般的で身近なストーリーと背景であること，なるべく中心的な登場人物が多様な年齢層でどちらかの性別に偏っていないことである。

　第2節では，以上の作品を資料として人称詞の出現頻度を時代別に考察する。近代小説による第1期，現代初期小説による第2期，現代映画シナリオによる第3期の各時代の作品の中で，どのような種類の人称詞がどの程度の頻度で出現しているのか，具体的に分析していく。

　また，第3節では，人称詞の中でも特に，男性専用の自称詞といわれる「ぼく」と「おれ」に焦点を当てて，時代による待遇度の変化，使用場面に対する意識の変化について，両者を比較しながら考察していく。各時代の作品を通して比較する具体的な内容としては，つぎの3つの課題と調査方法を提示する。

　　（1）時代によってお互いの使用範囲がどのように変化してきたかを考察するために，「ぼく」と「おれ」の出現率を調べる。

　　（2）時代によって文末形式との関係に変化が見られるかどうかを考察するために，「ぼく」と「おれ」が含まれた文の丁寧体率を調べる。

　　（3）自称詞の出現率の変化とともに対称詞はどのように変化しているかを考察するために，対称詞「きみ」と「おまえ」の出現率を調べる。

　以上の調査によって，「ぼく」と「おれ」の相対的な関係と両者の通時的な変化の様相を明らかにしていく。

2．時代別人称詞の出現頻度

2．1　第1期－近代

　1895年から1935年までの間に発表された近代小説8作品を資料とし，その中の会話文に出現している自称詞と対称詞の出現頻度を調べた。その結果が表2である。表2に示した人称詞のほかにいくつか数の少ないものがあるが，

他時代の作品との比較において数量的な裏づけが乏しいと判断したため，ここでは省略する。また，表2の結果をわかりやすくするため，百分率のグラフにし，図1に示した。自称詞と対称詞に分離し，それぞれの中での各人称詞の割合を明記している。

表2 第1期の文学資料での人称詞の出現頻度

	わたし	ぼく	おれ	わたくし	あなた	きみ	おまえ	あんた	おまえさん	合計
A	148	8	35	0	29	9	96	0	23	348
B	147	93	17	0	60	106	19	0	0	442
C	39	78	5	1	45	78	6	1	1	254
D	155	3	1	0	30	2	6	7	19	223
E	31	47	21	17	12	22	16	0	6	166
F	572	2	29	0	113	19	32	0	0	767
G	70	83	7	0	58	62	10	0	0	290
H	87	11	1	0	3	48	1	51	0	202
合計	1249	325	116	18	350	346	186	59	49	2692

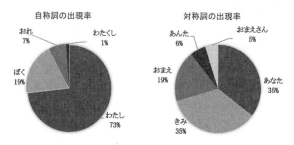

図1 第1期の文学資料での人称詞の出現率

　自称詞では，「わたし」「ぼく」「おれ」「わたくし」の順で出現率が高い。図1から見ると，「わたし」は73％を占めており，近代小説で用いられた自称詞の中でもっとも使用範囲が広いことがわかる[3]。とりわけ，「ぼく」と「おれ」の出現率が各々19％と7％でそれほど高くないことから，女性だけではなく男性の間でも「わたし」が広範囲で使われていたことが予測できる。

　つぎに，対称詞では，「あなた」と「きみ」がともに35％でもっとも多く出

3　本章では，談話資料ではなく小説などの文献資料を使用しているため，「私」や「貴方」などの漢字語による表記が多いが，これらについては，別途に「わたくし」や「あんた」などのルビが付いていない場合はすべて「わたし」と「あなた」にカウントした。

現しており，続いて「おまえ」「あんた」「おまえさん」の順である。「おまえさん」は，現代ではほとんど使われていない対称詞で，近代小説ならではの傾向であると考えられる。さらに，現代での「おまえ」とは違って，女性によって多く用いられている。

2.2 第2期－現代初期

ここでは，1966年から1991までの間に発表された現代小説8作品を分析資料とした。表3にその結果を示す。2.1での分析と同じく，少数の人称詞は省略する。また，表3を百分率のグラフにしたのが図2である。

表3 第2期の文学資料での人称詞の出現頻度

	わたし	ぼく	おれ	あなた	おまえ	きみ	あんた	合計
a	208	103	360	109	157	133	26	1096
b	235	8	17	66	13	9	9	357
c	49	9	19	22	17	4	10	130
d	282	8	4	23	33	3	0	353
e	257	473	124	85	33	74	21	1067
f	1208	35	176	25	27	36	41	1548
g	327	32	48	131	49	38	23	648
h	12	307	49	5	14	21	5	413
合計	2578	975	797	466	343	318	135	5612

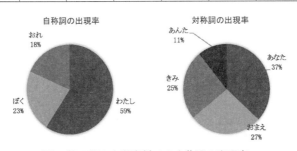

図2 第2期の文学資料での人称詞の出現率

まず，自称詞の出現率から見てみよう。「わたし」「ぼく」「おれ」の順序は第1期と同様であるが，それぞれの割合には若干の変化が見られる。「わたし」の出現率が低くなって「ぼく」と「おれ」の出現率が高くなっており，とりわけ「おれ」の出現率の上昇は著しい。詳しくは，「ぼく」が19％から23％へ，「おれ」が7％から18％へ上昇している。

　本来，女性は男性に比べて自称詞のバラエティが乏しい上に，表3では女性専用の自称詞といわれる「あたし」の例が見られない。そのため，第2期での「わたし」の使用層における女性の割合は，第1期とそれほど変わっていないと予測できる。この予測をもとに考えると，近代から現代への時代の変化にともない，男性の自称詞の使い分けにも確かな変化が起こっていることが推測できる。

　つぎに，対称詞の出現率を見てみる。「あなた」の出現率は第1期とそれほど変わっていないが，「きみ」の出現率が低下し，その代わりに「おまえ」の出現率が上昇していることがわかる。「あなた」「あんた」が女性のほうで，「きみ」「おまえ」が男性のほうで多く使われるという意識を前提とするならば，対称詞の使用層の中でも男性に変化がより著しく現れていることが考えられる。また，「おまえさん」がまったく見られなくなった代わりに，「あんた」の出現率が第1期に比べて若干上昇しており，女性の対称詞での傾向として「おまえさん」から「あんた」へのシフトの可能性が考えられる。

2.3　第3期－現代

　ここでは，1997年から1999年までの間に映画化されたシナリオ16作品を分析資料とした。1990年代後半の3年間の作品であるため，当時用いられているもっとも身近な人称詞の傾向がわかる資料である。表4に示しているのが出現頻度で，表4を百分率のグラフにしたのが図3である。この分析でも，2．1と2．2での分析と同じく少数の人称詞は省略する。

表4 第3期の文学資料での人称詞の出現頻度

	わたし	おれ	あたし	ぼく	おまえ	あんた	あなた	きみ	合計
1	6	11	17	0	3	13	5	1	56
2	9	53	0	2	32	13	4	0	113
3	27	28	0	0	20	7	11	9	102
4	7	23	0	0	18	1	2	1	52
5	0	31	22	11	42	8	0	5	119
6	59	53	0	1	19	3	24	1	160
7	16	4	30	0	12	29	2	0	93
8	13	4	61	4	9	20	1	3	115
9	38	27	2	3	28	10	4	11	123
10	45	14	0	26	18	5	43	23	174
11	6	34	30	0	24	6	12	1	113
12	28	36	20	2	15	4	8	3	116
13	5	26	17	0	17	0	0	2	67

14	77	13	0	4	5	41	9	8	157
15	1	9	0	2	25	1	0	1	39
16	53	6	0	20	21	23	11	5	139
合計	390	372	199	75	308	184	136	74	1738

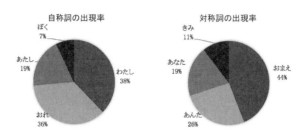

自称詞の出現率
ぼく 7%
あたし 19%
わたし 38%
おれ 36%

対称詞の出現率
きみ 11%
あなた 19%
おまえ 44%
あんた 26%

図3 第3期の文学資料での人称詞の出現率

　まず，第3期の自称詞の出現実態で特徴的なのは，「おれ」の出現率の飛躍的な上昇と「あたし」の新たな登場である。第1期ではわずか7％しかなかった「おれ」と，まったく見られなかった「あたし」が，第2期を経て，第3期にいたっては主流の自称詞として位置づけられるようになったと考えられる。

　つぎに，対称詞を見てみると，第1期，第2期ともに，もっとも高かった「あなた」の出現率が急速に低下している。さらに，「きみ」も第1期から第2期を経て徐々に出現率が落ち，その代わり「おまえ」と「あんた」の出現率が着実に上昇している。「おまえ」が男性，「あんた」が女性を中心に使われるという意識を前提とするならば，この2種が男女別に主として用いられる対称詞であることが推測できる。

3．男性自称詞の待遇度の変遷[4]

　男性が用いる主な自称詞には「わたし」「ぼく」「おれ」がある。ほかに場面や地域などによって「わたくし」「自分」「わし」なども用いられる。このうち「ぼく」と「おれ」について，金丸（1993）はつぎのように述べている。

　　（「ぼく」は）学者同士など，限られた世界では，上下関係にかかわらず，またフォーマルであるかどうかにかかわらず広く用いられている。「おれ」は，

4　本節の内容は，鄭（1999）をもとに加筆・修正を行ったものである。

22

相手が同輩以下であるときに使う語であるので，フォーマルな場面では使われない。(p.109)

このように，一般に「ぼく」に比べて「おれ」の待遇度が低いという意識が強く，したがって，発話場面の待遇度に合わせて「ぼく」と「おれ」を使い分ける必要性が生じるのである。しかし，これに関連して，小林（1999）には興味深い談話資料の分析結果が紹介されている。

（前略）自称代名詞を用いているのは50人の男性発話者のうち23人だけである。このうち，「わたし」のみを用いている話者が4人，「おれ」のみが8人，「ぼく」のみが8人で，二つ以上の語を場に応じて使い分けている話者は3人（13.0%）しかいない。女性の場合27人（61.4%）であったから，男性のほうが女性より，固定した一語を自称として用いる傾向が現れている。(p.124)

この調査結果は何を意味しているのだろうか。もちろん，引用論文でも断っているように，談話資料の中で発話していないから，その人がその語を使うことはないとか，使い分けはしていないなどと判断することはできない。しかしながら，この結果から，待遇度による「わたし」「ぼく」「おれ」の使い分けという従来の意識が，現代の言語生活の中ではかなり緩やかになってきているのではないかという推論が可能である。つまり，「わたし」「ぼく」「おれ」のうちどれを用いるかという選択は，発話場面や聞き手との関係という条件の待遇度に合わせて決まるよりも，個人による選択の問題に委ねられる傾向にあるということである。

また，「ぼく」に比べると「おれ」は，家族内などのごく親密な関係か，自分を優位にしてみせる場面以外には使われないきわめてぞんざいな自称詞として認識されてきた。しかし，1990年代後半から「おれ」の使用範囲が徐々に広くなっており，それにともなって「おれ」が持つぞんざいなニュアンスも薄くなってきたのではないかと予測される。さらに，このような傾向は「おれ」だけではなく「ぼく」についてもいえることである。よって，前述した金丸（1993）での，「フォーマルな場面での「ぼく」と「わたし」の入れ替え」という意識にも当然変化が起こり，ひいては人称詞全般の変化にもつながっていくと考えられる。

以上の観点にもとづいて，本節では「ぼく」と「おれ」の使用範囲の変化に

注目して考察を行う。

3.1　出現頻度の増加

　まず，ここで注目したいのは，「おれ」の出現頻度である。小林（1999）での談話資料の分析結果によれば，現代ではくだけた場面で同輩または目下，特に女性に対して「おれ」を使う傾向が多いという。この論にもとづいて，今回の資料の第1期作品を考察してみると，「おれ」の使用例は若干異なっている。同年代の友達間や女性に対しても「ぼく」が使われ，「おれ」が用いられるのは家族内に限られている。父から息子に，兄から妹に，特に夫から妻に対してはよく使われているが，友達の間で用いられる例は少ない。

　たとえば，武者小路実篤の『友情』には，男友達の間で「おれ」が用いられた例があるが，これも「ぼく」76例に対し，「おれ」は7例のみである。『友情』は会話の大半が友達の間でのくだけた場面で行われており，待遇度の高い敬語はほとんど使われていない。明らかに，第1期の作品の中では，小林（1999）での範囲より狭い範囲で「おれ」が使われている。この考察からも，「おれ」の使用が現代に入って急速に増えてきたという推測が可能である。

　そこで，「ぼく」と「おれ」の出現頻度の増減の傾向を考察するため，今回資料とした全作品から「ぼく」と「おれ」の出現頻度を調べ，その結果を表5に示す。なお，表5での「ぼく」と「おれ」の合計を，時代別の百分率のグラフに示したのが図4である。

表5「ぼく」と「おれ」の出現頻度の時代別比較

「第1期」

	A	B	C	D	E	F	G	H	合計
ぼく	7	86	78	3	47	2	76	11	310
おれ	35	17	5	1	21	29	7	1	116

「第2期」

	a	b	c	d	e	f	g	h	合計
ぼく	102	7	9	5	444	35	31	286	919
おれ	336	12	13	4	119	166	45	44	739

「第3期」

	1	2	3	4	5	6	7	8	9	10	11	12	13	14	15	16	合計
ぼく	0	2	0	0	11	1	0	4	3	26	0	2	0	4	2	20	75
おれ	11	53	28	23	31	53	4	4	27	14	34	36	26	13	9	6	372

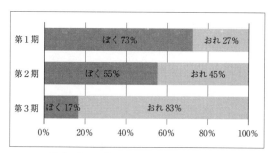

図4「ぼく」と「おれ」の出現率の時代別比較

　表5の合計だけを見ても「おれ」の出現頻度の増加は明らかである。「ぼく」
と「おれ」の出現頻度が，第2期において幅を狭め，第3期では逆転している
のがわかる。図4の百分率のグラフでその傾向はより顕著に見られる。第1期
では「ぼく」の出現率73％に対して「おれ」の出現率は27％でかなり低かっ
たのだが，第2期に入ると，「ぼく」55％に対して「おれ」45％でほぼ半分に
まで追いつき，第3期では「ぼく」が17％，「おれ」が83％で，「おれ」のほ
うが圧倒的に高い出現率を見せている。

　作品別にその詳細を見てみると，第1期作品の中で，「おれ」の出現頻度が
「ぼく」の出現頻度より多いのは8作品中2作品のみである。一方，第2期と第
3期では「おれ」の出現頻度が「ぼく」の出現頻度より上回る作品が多くなり，
第3期では，第1期と反対に「ぼく」の出現頻度が多いのが2作品のみである。
第3期の分析対象が16作品で，第1期の8作品の倍であることを考慮すると，
さらにその差が大きいということが推測できる。

　もちろん，文学作品というのは，作家によって，登場人物によって表現方法
が変わってくるものなので，ここの結果だけで使用実態を判断するのは難しい。
しかし，少なくともこの調査結果から見れば，時代の流れに沿って確かに「おれ」
の使用が増えてきていることがわかる。先行研究では，「おれ」より「ぼく」の
ほうの使用範囲が広いという考察が多かった。しかし，この調査結果から，もっ
とも幅広く使われると認識されていた「ぼく」より「おれ」の出現頻度が急速
に増加していることが明らかになった。

3.2　対称詞との対使用

　「ぼく」と「おれ」の使用実態を考察するため，「ぼく」「おれ」に対応する対

称詞「きみ」「おまえ」の考察を行う。これらのほかにも「あなた」「あんた」「おたく」などが対称詞として多く使われるが，とりわけ「きみ」は「ぼく」と，「おまえ」は「おれ」と一緒に用いられる場合が多く，対使用されると考えられている。

　1952年5月に国語審議会が発表した『これからの敬語』では，「相手を指すことば」の第三項に，「「きみ」「ぼく」は，いわゆる「きみぼく」の親しい間がらだけの用語として，一般には，標準の形である「わたし」「あなた」を使いたい。」ということが述べられており，「ぼく」と「きみ」の対使用が認められている[5]。

　表6は，時代別作品での「きみ」と「おまえ」の出現頻度を調べた結果である。なお，図5は表6の結果を百分率のグラフにしたものである。

表6「きみ」と「おまえ」の出現頻度の時代別比較

「第1期」

	A	B	C	D	E	F	G	H	合計
きみ	9	94	78	2	18	19	53	49	322
おまえ	91	17	6	4	16	32	10	1	177

「第2期」

	a	b	c	d	e	f	g	h	合計
きみ	121	9	4	3	70	35	37	20	299
おまえ	153	12	17	33	32	25	48	12	332

「第3期」

	1	2	3	4	5	6	7	8	9	10	11	12	13	14	15	16	合計
きみ	1	0	9	1	5	1	0	3	11	23	1	3	2	8	1	5	74
おまえ	3	32	20	18	42	19	12	9	28	18	24	15	17	5	25	21	308

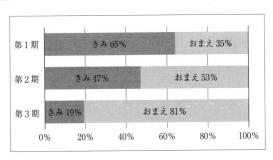

図5「きみ」と「おまえ」の出現率の時代別比較

5　「ぼく」と「きみ」が対をなす自称・対称として用いられ始めた歴史は古く，小松（1998）は，江戸末期に「ぼく」と「きみ」の対使用がすでに見られていたと記述している。「キミとボクが一対の人称として用いられ出すのは，後期江戸語の，それも終わりの方である。その後，このペアは東京語の人称として重要な位置を占めるようになる。（p.667）」

26

　表6の「きみ」と「おまえ」の出現頻度を比較して見ると，「おまえ」のほうの出現頻度の増加が著しい。第1期では「きみ」の出現頻度が多いのだが，第2期では逆転し，第3期では「おまえ」の出現頻度が多く，かなりの差が見られる。図5の出現率を見てみると，第1期では「きみ」の出現率が65％，「おまえ」の出現率が35％だが，第2期に入ると，「きみ」47％，「おまえ」53％で，「おまえ」のほうが高くなっている。第3期では「きみ」が19％，「おまえ」が81％で，「おまえ」のほうが圧倒的に高い出現率を見せている。

　また，第1期作品の中で，「おまえ」の出現頻度が「きみ」の出現頻度より多いのは8作品中3作品のみである。これとは反対に，第2期では「きみ」の出現頻度が「おまえ」の出現頻度より多いのが3作品であり，第3期では16作品中2作品のみが「きみ」の出現頻度のほうが多い。

　3．1での「ぼく」「おれ」の結果と比較してみると，「ぼく」と「きみ」，「おれ」と「おまえ」の増減の傾向がまったく同様であることがわかる。時代によって「おれ」の使用が増えるにつれて「おまえ」の使用も増えており，その増加の程度も同様である。この結果から，「ぼく」と「きみ」，「おれ」と「おまえ」の対使用が定着していることと，「おれ」の使用範囲の拡大という傾向が「おまえ」の使用範囲の拡大と連動して進んでいることが確認された。

3．3　丁寧体との共起

　「ぼく」と「おれ」の待遇度の違いが表面化しているものとして文末型式がある。「おれ」より待遇度が高いと認識されている「ぼく」は，「おれ」に比べて丁寧体との共起率が高い。しかし，「わたし」よりは待遇度が落ちるので，普通体との共起率もかなり高い。つまり，どちらともそれほど違和感なく共起できるのが「ぼく」である。これに比べて，「おれ」は非常にインフォーマルな場面でしか使えない，待遇度の低い自称詞として認識されているため，丁寧体と一緒には使いにくいというのが先行調査の述べるところである[6]。

6　小林（1999）での談話資料の分析結果によれば，「「おれ」は出現する19例のうち18例までが「です」「ます」などのない，いわゆる常体とともに用いられているのが特徴的である。（中略）いっぽう6例と出現頻度は少ないが，「わたし」はすべて「です」「ます」とともに用いられている。（中略）（「ぼく」が）「わたし」とも「おれ」とも違うのは，文体をあまり選ばず，「です」「ます」とともにも，また常体の中でも用いられていることである。（pp.124-125）」という記述があり，丁寧体，普通体という文末形式が「ぼく」と「おれ」の選択に関係することが述べられている。

　したがって，ここでは，丁寧体と「ぼく」「おれ」との共起率の変化を調べることで，従来の「ぼく」と「おれ」の使用範囲に変化が生じているかどうかを考察する。そのため，今回扱った作品の会話文の中から，「ぼく」と「おれ」が含まれている文を取りだし，その文末型式の丁寧体の頻度を調べた。その結果は表7のとおりである。なお，表7の結果を「ぼく」「おれ」別に百分率のグラフにしたのが，図6と図7である。

表7「ぼく」「おれ」と丁寧体との共起に対する時代別比較

「第1期」　　　　　　　　　　　　　　　　　　　　　　　　　　（丁寧体数／全体出現数）

	A	B	C	D	E	F	G	H	合計
ぼく	0/7	18/86	19/78	0/3	2/47	0/2	18/76	0/11	57/310
おれ	0/35	0/17	0/5	0/1	0/21	0/29	0/7	0/1	0/116

「第2期」

	a	b	c	d	e	f	g	h	合計
ぼく	81/102	6/7	6/9	2/5	140/444	12/35	16/31	92/286	355/919
おれ	2/336	0/12	2/13	0/4	0/119	12/166	0/45	2/44	18/739

「第3期」

	1	2	3	4	5	6	7	8	9	10	11	12	13	14	15	16	合計
ぼく	0/0	0/2	0/0	0/0	1/11	0/1	0/0	2/4	0/3	14/26	0/0	0/2	0/0	0/4	0/2	4/20	21/75
おれ	0/11	0/53	0/28	0/23	2/31	4/53	0/4	0/4	0/27	2/14	8/34	0/36	0/26	0/13	0/9	0/6	16/372

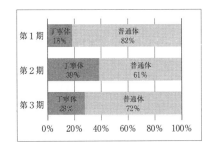 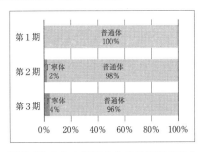

図6「ぼく」と丁寧体との共起率の変化　　図7「おれ」と丁寧体との共起率の変化

　まず，図6に示した「ぼく」の丁寧体率を見てみよう。第1期に比べて第2期と第3期では丁寧体率が高くなっている。とりわけ，同じく小説資料である第1期と第2期の丁寧体率が，18％から39％へと2倍以上上昇していることは注目に値する。これは，時代の流れとともに「ぼく」が，もっとも待遇度の高い「わたし」のほうにより近い待遇度を持つようになったと予想できる結果である。

　つぎに，図7の「おれ」の丁寧体率を見ると，わずかではあるが，丁寧体率が徐々に高くなっていることがわかる。第1期の作品ではまったく見られなかっ

た丁寧体が，第2期では2％見られるようになり，第3期の作品の中では4％と，より割合が高くなっている。すなわち，「おれ」の使用における文体の制約が時代とともに緩くなりつつあり，ひいては，「おれ」の使用範囲が徐々に広がってきているともいえるであろう。

　このように，「おれ」の丁寧体率が高くなり，使用範囲が拡大するにつれて，「ぼく」と「おれ」の待遇度の境界は緩くなっている。しかし，この結果がそのまま「ぼく」の使用範囲の縮小を意味するものではない。図6で示しているように，「ぼく」の丁寧体率も，第2期から第3期にかけて若干の低下はあるものの，第1期に比べると上昇しており，決して「ぼく」の使用範囲が狭まっているとは言い切れない。かえって，この結果から見れば，待遇度において「ぼく」より優位を占めていた「わたし」の領域に，「ぼく」が少しずつ浸透しているとも考えることができる。

　以上によって，男性自称詞の「わたし」「ぼく」「おれ」は，徐々にその待遇度による区別が意味を失いつつあると考えられる。すなわち，これからは，待遇度という発話場面にかかわる「相対的条件」より，地域や年齢などの話し手の属性にかかわる「絶対的条件」のほうが，これらの自称詞の使い分けにより強く影響していくのではないかと推測できる。

4．まとめ

　以上，文学資料をもとにして，日本語の人称詞を通時的に考察した。

　各時代の文学作品の中で人称詞の出現実態を分析した結果，全体的な人称詞の変化の流れとして，つぎの2点が明らかになった。

（1）自称詞「おれ」と「あたし」の出現率上昇の傾向が著しい。第1期から第3期までに分類した文学資料の時代差は最大104年であるが，この間「おれ」と「あたし」は急速に自称詞の主流として位置づけられるようになった。

（2）対称詞「あなた」と「きみ」の出現率の低下と，「おまえ」と「あんた」の出現率の上昇の傾向が著しい。各対称詞の性別使用層を考慮すると，男性は「きみ」から「おまえ」へ，女性は「あなた」から「あんた」へのシフトの傾向が見られる。

　つぎに，「ぼく」と「おれ」の出現頻度の変化を調べた結果，つぎの3点が明らかになった。

（3）「ぼく」に対する「おれ」の出現率が急増している。

（4）「きみ」「おまえ」の出現率には，「ぼく」「おれ」と同様の変化が見られ
　　ており，「ぼく」と「きみ」，「おれ」と「おまえ」の対使用の傾向は定着
　　している。

（5）時代別に「ぼく」「おれ」の丁寧体率の変化を調べた結果，両者ともに，
　　丁寧体との共起率が高くなっている。

　以上の結果から，「使用範囲の拡大」と，「待遇度による使い分けの限界」という2つの推論を引き出すことができた。

　この推論については，つぎのように考えることができる。

　「ぼく」の場合，場面のフォーマル度による「ぼく」から「わたし」への切り替えが少なくなり，境界が緩くなっている。これは，「ぼく」の丁寧体との共起率の上昇という分析結果からわかる。つまり，「ぼく」が従来の「わたし」の待遇度にまで徐々に勢力圏を広げているといえるのである。「おれ」の場合も，各時代の作品での出現率，丁寧体との共起率がともに上昇していることから，使用範囲が拡大していることが明らかになった。

　とりわけ，「おれ」が用いられている会話文の中で，第1期ではまったく見られなかった丁寧体の文末型式が，わずかではあるが増えつつあるのは明確である。これは，人々の意識の中で「おれ」に対する使用範囲の基準が徐々に緩くなってきたことを示唆していると考えられる[7]。

　このような傾向から見ると，「ぼく」と「おれ」の使い分けの基準として各自称詞の待遇度を強調するのは，もはや適当とは考えられない。日本語での敬語が相対的といわれるように，従来の研究では人称詞の選択においても，話し手と聞き手との関係を基準とした使い分けに注目してきた。しかし，自称詞の選択における基準は，発話場面での待遇度重視から，徐々に話し手の属性重視に変わってきていると考えられる。本節の冒頭に引用した小林（1999）にも述べられているように，「固定した一語を自称として用いる傾向」が著しくなりつつある。したがって，各人称詞が持つ待遇度以上に，話し手の個人差が重要な要因となってくるといえる。

7　ただし，序章でも言及したように，人称詞に関する先行研究では，「敬意漸減」という歴史的な観点を取っているものが多い。本章の調査結果では，むしろその反対の傾向が見られているともいえるが，本調査は，あくまでも現代日本語の範囲で行っており，歴史的な観点からの「敬意漸減」の傾向を全面的に否定することにはならない。

第2章
意識調査結果による日本語人称詞の
共時的相違

1．調査の概要
1．1　調査の目的

　第1章では日本語人称詞を通時的観点から考察し，時代別の文学資料をもと
にして，時代とともに人称詞の使用実態がどう変化してきたかについて述べた。
ここでは，観点を共時的方向に変え，現在使われている日本語の中で，人称詞
はどのようなバリエーションを見せているのか[1]，意識調査の結果をもとにして
考察していく。

　この意識調査は，各被験者が用いる人称詞を調べるものではなく，多様な人
称詞の使用場面に対する各被験者の意識を調べるものである。日本語人称詞に
関する先行研究は，もっぱら「被験者が場面によって人称詞をどう使い分けるか」
の調査であり，「被験者が特定場面での各人称詞の使用についてどう感じている
のか」ということについてはこれまであまり考慮されてこなかった。

　しかし，日本語人称詞の場合，男女の区別がはっきりしているため，「日常的
に聞くけれど自分では使わない」という人称詞が多く存在する。これらの人称
詞の使用場面についてどのような印象を受けるのかを調査することは，日本語
人称詞の諸相を把握するために必要であると考える。

　まず，考察内容はつぎの3項目にまとめることができる。

　1つ目に，従来の研究でいわれてきた自称詞の待遇度に関するものである。
小林（1999）によれば，代表的な女性の自称詞としては「わたくし」「わたし」「あ
たし」，男性の自称詞としては「わたし」「ぼく」「おれ」が取りあげられ，改まっ
た場面では，女性が「わたくし」，男性が「わたし」をよく用い，「あたし」「お

1　バリエーション（変異）には，どんな人がどのようなことばを使うのかという話し手
　の属性に関係するものと，ある人が誰に対してどのような場面でことばを使い分けるの
　かという聞き手や場面に関係するものの2種に分けることができる。前者の体系を「方言
　（dialect）」といい，後者の体系を「レジスター（register）」というが，言語のバリエーショ
　ンは，この両者が多面的に影響しあい，機能しあっている。本章では，常にこの両側面か
　ら日本語人称詞のバリエーションを考えていく。

れ」はくだけた場面で多く使われる。

　しかし，第1章でも述べたように，この基準はかなり緩やかになってきていると考えられる。小林（1999）でも，そのような傾向について若干触れてはいるものの，談話資料の数量的な不足によって，仮説の裏づけまでには至っていないと判断される。よって，ここでは，とりわけ男性専用の自称詞「ぼく」と「おれ」，女性専用の自称詞「あたし」について，特定の場面との共起関係に注目した意識調査を行うことで，各自称詞が持つ待遇度について見直すこととする。

　2つ目に，男性専用の自称詞「わし」と「おれ」の使用層に関するものである。金丸（1993）は，「わし」の使用について，「尊大感を伴って目下の者に対して，主に老人の男性に限って用いられる。（p.109）」と述べている。しかし，尾崎（1996）は学校の中での方言を考察して，「大阪高校男子の「ワシ」の使用率は，東京よりも大幅に高くなっており，確かに方言形式であることが確認できる。（pp.306-307）」と述べており，その使用層にかなり地域差が見られることを指摘している。たとえば，文学作品などでも関西を舞台にした作品では，「わし」が頻繁に登場し若い人の間でも用いられている。このように，「わし」の使用層に対する意識には，それが使われる環境によって何らかのバリエーションが見られると思われる。

　また，小林（1997）は，自称の自然獲得について述べている中で，「ぼく」から「おれ」への自称の転向についていくつかの実例をあげている。第1章でも触れたように，「おれ」の使用範囲が拡大してきたこととともに，その使用層が広くなってきたことが予測できる。現に，最近の傾向として，幼稚園児や低学年の小学生などの低い年齢層の間でも「おれ」が頻繁に使われており，その使用層は徐々に幅を広げていると考えられる。

　したがって，ここでは，従来の研究では漠然とした記述しか見られず具体的な調査が行われていなかった自称詞「わし」と「おれ」について，年齢との関係に焦点を当てて調査を行い，その使用層に対する意識を検討していく。

　3つ目に，対称詞「きみ」に関連するものである。第1章では通時的な観点から「ぼく」と「きみ」，「おれ」と「おまえ」の対使用について述べたが，ここでは共時的な観点から対称詞「きみ」を考察する。まず，「きみ」と共起する自称詞として意図的に「おれ」を取りあげることで対使用に対する意識を調べ，つぎに，「きみ」の使い手として女性を取りあげることで，性別の面から「きみ」の使用層に対する意識を検討していく。

　以上の3点について，さらに本章では被験者による「世代差」「男女差」「地域差」という側面から具体的に分析を行うことにする。

　従来の研究の中で，人称詞を年齢や性別，地域という視点から調査・分析したものがまったくないわけではない。しかしながら，これらの研究は狭い範囲内での調査にとどまっていた[2]。さらに，先行研究の大半は，人称詞の使用実態に差が見られるかどうかを問題とするものであった。一方，本調査では，各人称詞の使用場面に対する意識に差が見られるかどうかを問題とし，より総合的な考察を試みる。

　まず，「世代差」についての分析では，若年層と中年層，高年層の間で人称詞使用に対する意識に差が見られるかどうかを明らかにすることが目的である[3]。

　つぎに，「男女差」についての分析では，男性と女性がそれぞれどのような人称詞を用いるのかではなく，男女の間で人称詞使用に対する意識に差が見られるかどうかを明らかにすることが目的である。

　また，「地域差」についての分析では，信頼性のある数量的な裏づけが可能で，差が現れやすいと判断できる地域として「関東」と「関西」を取りあげる。よって，これらの両地域の間で人称詞使用に対する意識に差が見られるかどうかを明らかにすることが目的である。

2　杉戸・尾崎（1997）と尾崎（1996）では，自称詞の使い分けについてアンケート調査が行われており，調査地域が東京と大阪，山形に分かれているので地域差を見るには有効な論考であるが，調査対象が中高生に絞られている上に，調査内容も自称詞のみである。
　　荻野（1997）では，年齢差は明確に現れているものの，人称詞関連の調査内容としては対称詞「あなた」のみである。このほかに，小林（1999，2000）や高橋（2001）なども，アンケート調査をもとにした人称詞関連の論考として取りあげることができる。しかし，これらも調査範囲が限定されており，各範囲内での現状を把握するには有効であっても，日本語人称詞に対する意識や使用実態を諸方面から分析・考察した社会言語学的な論考とはいえないだろう。

3　ここでの「世代差」とは，第1章で考察した「時代差」とは異なる意味として用いられる。ことばの世代差を考察するには大きく分けて2種類の方法があり，それは言語変化を反映するかしないかで区別される。つまり，ある年代に生まれた人々に特徴的に見られることばなのか，それともある一定の年齢層の人々に特徴的に見られることばなのかによって，そのバリエーションを観察する方向性がまったく異なってくるのである。第1章で考察した「時代差」は言語変化を反映するものだが，本章で扱う「世代差」とは言語変化を反映しない年齢層による差である。このような考えから，第1章を日本語人称詞の通時的考察，第2章を日本語人称詞の共時的考察と区分している。

1.2　調査の方法

　本調査は，2001 年 10 月から 11 月にかけて，東京と大阪地域を中心に行った。調査対象は中学生以上の男女で，出身地が関東か関西のどちらかであることを条件とし，出身地を離れた期間が最長 2 年以下の人のみとした[4]。被験者について地域別，性別，世代別に分けて示すと表 1 のとおりである。

表 1　地域別・性別・世代別による被験者の人数

地域別	性別	世代別			合計
		若年層	中年層	高年層	
関東	男性	57	35	15	222
	女性	80	21	14	
関西	男性	66	23	12	230
	女性	76	40	13	
合計		279	119	54	452

　世代は，年齢 29 才以下を若年層，30 〜 49 才までを中年層，50 才以上を高年層として分類した。各層別に人数にばらつきがあるが，分析はすべて百分率の結果をもとに行うので，考察には差し支えないと判断した。

　調査の方法としては，人称詞を使用する特定の場面を提示し，その場面内容について，各被験者がどの程度の違和感を持つのか，4 つの選択肢の中から選んでもらう方式をとった。選択肢は，（1）まったく違和感がない，（2）それほどの違和感はない，（3）若干違和感がある，（4）非常に違和感がある，の4 段階である。なお，（3）か（4）と答えた被験者には「より適切だと思えることば」の記入を求めた。

　本調査で提示した場面は，つぎの 7 つである。

　［場面 18］結婚披露宴で新郎の友達代表（男性）がスピーチするとき，自分のことを「ぼく」という。

　　例）ぼくが初めて彼に会ったのは…

4　ここで用いる「関東」「関西」という用語は行政区画としての区分ではなく，言語学的な観点からの区分である。「関東」では東京都をはじめ，神奈川県，千葉県，埼玉県，山梨県，群馬県の 6 県を対象とし，「関西」では大阪府をはじめ，京都府，奈良県，兵庫県，和歌山県，滋賀県の 6 府県を対象とした。

［場面 19］若い女性社員が会社の上司に自分のことを「あたし」という。

　　例）その書類，<u>あたし</u>が作成したんですけど…。

［場面 21］50 代の男性が食堂の人に注文するとき，自分のことを「わし」という。

　　例）<u>わし</u>はうどん。

［場面 23］幼稚園児の男の子が友達と遊ぶとき，自分のことを「おれ」という。

　　例）今度は<u>おれ</u>の番だよ。

［場面 24］普段妻に自分のことを「おれ」という男性が，妻のことを「きみ」という。

　　例）今日は<u>おれ</u>が<u>きみ</u>より先に帰るんだね。

［場面 25］若い女性が仲のいい女友達に「きみ」という。

　　例）<u>きみ</u>はこれからどうするの？

［場面 27］若い男性社員が会社の上司に自分のことを「おれ」という。

　　例）この仕事は<u>おれ</u>にやらせて下さい。

　［場面 18］［場面 19］［場面 27］では，自称詞「ぼく」「あたし」「おれ」の待遇度に対する意識について考察する。［場面 21］［場面 23］では，男性自称詞「わし」「おれ」の使用層に対する意識について考察する。また，［場面 24］［場面 25］では，「きみ」と「おれ」の対使用と，女性の用いる「きみ」に対する意識について考察する。

２．人称詞使用に対する容認度
２．１　自称詞「ぼく」「あたし」「おれ」の待遇度

　表 2 は，結婚披露宴で新郎の友人がスピーチをする場面を想定し，スピーチの中で「ぼく」を用いることに対しての容認度を調べた結果である。

表 2　結婚披露宴場面での「ぼく」使用に対する容認度 [5]

被験者の属性			違和感がない		違和感がある	
			％	人数	％	人数
関東	男性	若年層	61	35	39	22
		中年層	43	15	57	20
		高年層	60	9	40	6
	女性	若年層	49	39	51	41
		中年層	67	14	33	7
		高年層	69	9	31	4
関西	男性	若年層	72	47	28	18
		中年層	74	17	26	6
		高年層	58	7	42	5
	女性	若年層	81	61	19	14
		中年層	82	33	18	7
		高年層	61	8	39	5
全体の平均			65％		35％	

　調査の際には，被験者ができるだけ迷わずに選択できるように 4 段階の選択肢を提示したが，集計の際には，「（1）まったく違和感がない」と「（2）それほどの違和感はない」を合わせて「違和感がない」とし，「（3）若干違和感がある」と「（4）非常に違和感がある」を合わせて「違和感がある」として，2 段階に再編成した。なお，各属性によって調査人数に差があるので，属性別にパーセントを算出し，その平均値を最終結果として表の最下段に示している。

　表 2 によれば，違和感がないと答えた人が 65％，違和感があると答えた人が 35％であり，結婚披露宴などのフォーマルな場面での「ぼく」使用に対する容認度は高い。この結果から，フォーマルな場面で自称詞を「ぼく」から「わたし」「わたくし」へとシフトさせる必要があるという意識は薄くなってきていると考えられる。

　ちなみに，違和感があると答えた人により適切だと思えることばを聞いたところ，「わたし」と答えた人が 73％でもっとも多く，「わたくし」と答えた人は 26％であった。「ぼく」の使用が望ましくないと思っている人でも，「わたし」

5　ここでの人数の合計は，調査項目によって，若干の欠損値が生じているため，必ずしも表 1 の合計人数と同じではない。百分率の計算には欠損値を除いた有効数のみを使用した。

へのシフト程度で待遇度が十分満たされると考えている。これは，「わたくし」の使用範囲がそれほど広くないことを示唆している。

　表3は，会社の上司を聞き手にして若い女性社員が発話する場面を想定し，「あたし」を用いることに対しての容認度を調べた結果である。

表3 会社の上司への発話場面での「あたし」使用に対する容認度

被験者の属性			違和感がない		違和感がある	
			%	人数	%	人数
関東	男性	若年層	21	12	79	45
		中年層	26	9	74	26
		高年層	47	7	53	8
	女性	若年層	16	13	84	67
		中年層	14	3	86	18
		高年層	7	1	93	13
関西	男性	若年層	50	33	50	33
		中年層	52	12	48	11
		高年層	33	4	67	8
	女性	若年層	35	26	65	49
		中年層	10	4	90	36
		高年層	8	1	92	12
全体の平均			27%		73%	

　表3によれば，違和感がないと答えた人が27％，違和感があると答えた人が73％で，女性が会社場面で用いる「あたし」に対しての容認度が低いことがわかる。なお，より適切だと思えることばとしては「わたし」と答えた人が77％で，「わたくし」と答えた人は21％見られている。

　第1章での通時的考察によって，「あたし」の使用率は時代とともに急速に上昇していることが明らかになった。しかしながら，上記の表3の結果から見ると，会社場面では，「あたし」を「わたし」へシフトさせる必要があるという意識がまだ強く残っていることがわかる。

　表4は，会社の上司を聞き手にして若い男性社員が発話する場面を想定し，自称詞として「おれ」を用いることに対しての容認度を調べた結果である。

表4　会社の上司への発話場面での「おれ」使用に対する容認度

被験者の属性			違和感がない		違和感がある	
			％	人数	％	人数
関東	男性	若年層	27	15	73	40
		中年層	23	8	77	27
		高年層	20	3	80	12
	女性	若年層	18	14	82	66
		中年層	14	3	86	18
		高年層	0	0	100	14
関西	男性	若年層	35	23	65	43
		中年層	35	8	65	15
		高年層	17	2	83	10
	女性	若年層	17	13	83	62
		中年層	10	4	90	36
		高年層	0	0	100	13
全体の平均			18％		82％	

　表4によれば，違和感がないと答えた人が18％，違和感があると答えた人が82％であり，容認度は低い。なお，より適切だと思うことばとしては，「わたし」と答えた人が58％でもっとも多く，「ぼく」と答えた人も23％あった。「わたくし」と答えた人は8％，「自分」と答えた人も11％見られる。表3の結果と比べてみると，同じ場面での男性自称詞「おれ」に対する意識と女性自称詞「あたし」に対する意識に差があることがわかる。男性の場合，「おれ」より敬意を持ち，比較的使いやすい自称詞として「ぼく」の存在がある。これが，表4での「おれ」使用に対する容認度が，表3での「あたし」使用に対する容認度より低いことに影響していると考えられる。

　この結果から，会社場面で丁寧体とともに用いる男性自称詞として，「おれ」は適切でないという意識が大半であると考えられる。これは，第1章での通時的変化の分析結果に反する結果であるが，それにはいくつかの要因が考えられる。1つ目は，丁寧さに対する主観的な規範意識が客観的な実態より厳しい可能性と，2つ目は，通時的変化の分析で用いられた文学作品資料が実態を正しく反映していない可能性である。どちらにしても，表4は意識による調査結果であって，第1章での出現頻度の結果とは切り離して考える必要があるだろう。

　また，より適切だと思うことばとして，男性に対しては「わたくし」が8％

なのに比べて女性に対しては21％であることに注目したい。これは，男性の用いる自称詞において，「おれ」から「わたし」「わたくし」にいたる前の段階で，「ぼく」がワンクッションの役割を果たしているのが要因であると考えられる。しかし，それだけではなく，従来の研究でも述べられてきたように，男性に比べて女性のほうにより丁寧なことばづかいが要求されるという意識もこの結果からうかがえる。

２.２　男性自称詞「わし」「おれ」の使用層

表5は，50代の男性が食堂で食事を注文する場面を想定し，自称詞として「わし」を用いることに対しての容認度を調べた結果である。前述したように，「わし」を方言形式として認識している論考もあるが，地域との関連性については第5節であらためて考察する。

表5 食事注文の場面での「わし」使用に対する容認度

被験者の属性			違和感がない		違和感がある	
			％	人数	％	人数
関東	男性	若年層	65	37	35	20
		中年層	63	22	37	13
		高年層	60	9	40	6
	女性	若年層	68	54	32	26
		中年層	71	15	29	6
		高年層	57	8	43	6
関西	男性	若年層	83	54	17	11
		中年層	87	20	13	3
		高年層	50	6	50	6
	女性	若年層	84	63	16	12
		中年層	74	29	26	10
		高年層	69	9	31	4
全体の平均			69％		31％	

表5によれば，違和感がないと答えた人が69％，違和感があると答えた人が31％であり，中年男性の「わし」に対する容認度は高い。

一方，より適切だと思えることばとしては，「わたし」と答えた人が66％でもっとも多く，つぎに「おれ」15％，「ぼく」11％の順である。なお，「自称詞を使わない」と答えた人が5％見られるのも興味深い結果である。この結果から，

親しい間柄でない人を聞き手にしている場合，男性の自称詞は「わたし」がいいと考える傾向がある反面，「おれ」「ぼく」「不使用」の割合も看過できないため，かなりの迷いがあるのではないかと予想できる。

さらに，ここでは，話し手を50代の中年男性と設定することで，「「わし」が老人語である」というイメージに対する意識を調べようとしたが，この結果からは，男性自称詞「わし」を老人語だと意識する傾向はそれほど強く見られない[6]。

表6は，幼稚園児の男の子が友達と遊ぶ場面を想定し，自称詞として「おれ」を用いることに対しての容認度を調べた結果である。

表6 子どもの遊び場面での「おれ」使用に対する容認度

被験者の属性			違和感がない		違和感がある	
			%	人数	%	人数
関東	男性	若年層	71	40	29	16
		中年層	83	29	17	6
		高年層	73	11	27	4
	女性	若年層	75	60	25	20
		中年層	67	14	33	7
		高年層	86	12	14	2
関西	男性	若年層	74	49	26	17
		中年層	56	13	44	10
		高年層	58	7	42	5
	女性	若年層	61	46	39	29
		中年層	52	21	48	19
		高年層	46	6	54	7
全体の平均			67%		33%	

6　老人の基準が何歳からなのかというのは非常に難しい問題だが，被験者の年齢層が低いほど老人に対する年齢基準も低くなることは予測できる。その予測をもとに表5の結果を詳細に観察すると，若年層での「違和感がない」を合計した割合が75%で，高年層の59%に比べてかなり高くなっていることから，被験者の年齢層が低いほど老人語イメージが強いという解釈も可能である。【追記】塩田・山下（2017）の「日本語のゆれに関する調査」に，「「高齢者」は公的には「65歳以上」と定義されることが一般的であるが，一般の人々の意識の平均値を算出すると72歳7ヵ月から」であった（p.44）」という記述がある。さらに，「中年」は何歳ぐらいからかと尋ねた結果では，回答者の年齢が高くなるほど「中年」の開始年齢が高くなる傾向が顕著であるが，「老人」については全年齢を通して傾向としては現れていないと述べられている（p.58）。

40

　表6によれば，違和感がないと答えた人が67％，違和感があると答えた人が33％であり，容認度は高い。この結果から，幼稚園児が使う自称詞として，「おれ」は定着しつつあると考えられる。しかし，違和感があると答えた被験者により適切だと思えることばを聞いたところ，「ぼく」という答えが100％であり，「幼稚園児の男の子の自称詞は「ぼく」だ」という意識もまだ強く残っていることが示唆される。

2.3　対称詞「きみ」の使用層

　表7は，妻を聞き手にした夫の発話場面を想定し，対称詞「きみ」を自称詞「おれ」と一緒に用いることに対しての容認度を調べた結果である。

表7　妻への発話場面での「きみ」と「おれ」の対使用に対する容認度

被験者の属性			違和感がない		違和感がある	
			％	人数	％	人数
関東	男性	若年層	65	37	35	20
		中年層	71	25	29	10
		高年層	67	10	33	5
	女性	若年層	70	56	30	24
		中年層	86	18	14	3
		高年層	64	9	36	5
関西	男性	若年層	53	35	47	31
		中年層	74	17	26	6
		高年層	30	3	70	7
	女性	若年層	52	39	48	36
		中年層	42	17	58	23
		高年層	54	7	46	6
全体の平均			61％		39％	

　表7によれば，違和感がないと答えた人が61％，違和感があると答えた人が39％である。この結果から，「きみ」と対使用する自称詞として「おれ」を用いることにそれほど大きな違和感はないと考えられる。しかし，より適切だと思えることばとしては，「おまえ」という答えが54％でもっとも多く，「「おれ」と一緒に使われる対称詞は「おまえ」だ」という意識は確かに存在している。さらに，「名前」という答えも38％見られており，夫婦の間で人称代名詞を使わずに，名前で相手を指示することを好む傾向がうかがえる[7]。

　表8は，若い女性の友達同士の発話場面を想定し，対称詞として「きみ」を用いることに対しての容認度を調べた結果である。

表8　若い女性同士の発話場面での「きみ」使用に対する容認度

被験者の属性			違和感がない		違和感がある	
			％	人数	％	人数
関東	男性	若年層	16	9	84	48
		中年層	14	5	86	30
		高年層	27	4	73	11
	女性	若年層	11	9	89	70
		中年層	14	3	86	18
		高年層	7	1	93	13
関西	男性	若年層	20	13	80	52
		中年層	35	8	65	15
		高年層	0	0	100	12
	女性	若年層	9	7	91	67
		中年層	5	2	95	37
		高年層	15	2	85	11
全体の平均			14％		86％	

　表8によれば，違和感がないと答えた人が14％，違和感があると答えた人が86％であり，容認度は低い。この結果から，「きみ」は，女性が用いる対称詞には不適切だと感じる人が多く，男性専用の対称詞としての意識が強いと考えられる。

　なお，より適切だと思えることばとしては，「名前」という答えが44％，「あなた」という答えが41％見られている。「あんた」という答えも13％見られ，女性が用いる対称詞としてある程度支持されていることがわかる。「名前」という答えが多いことから，日本語人称詞の特徴の「対称代名詞の使用を避け，名前や定記述を多く用いる」という傾向が著しく現れている。

3．容認度における世代差
3．1　「ぼく」「あたし」「おれ」の待遇度に対する世代差
　第2節では，全体の平均値をもって場面別の容認度について考察した。その

7　これはあくまでも意識としての結果であり，実際に，妻のことを名前で呼ぶ人が多いかどうかということは，この結果からは言い切れない。

結果をもとにして，本節では，各場面に対する容認度において，被験者の世代間で差が見られるかどうかを考察する。

　まず，自称詞「ぼく」「あたし」「おれ」の待遇度に対する容認度の世代差を調べ，その結果を図1，図2，図3に示す。図1は，結婚披露宴場面での「ぼく」使用に対する容認度，図2は会社の上司への発話場面での「あたし」使用に対する容認度，図3は同じく会社の上司への発話場面での「おれ」使用に対する容認度である。前述したように，属性別人数にはばらつきがあるので，グラフの中に示している各世代の数値は全体人数の%ではなく，地域別，男女別の各層の割合を平均化したものである。

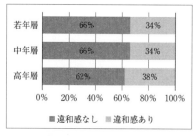

図1「ぼく」の待遇度（世代差）

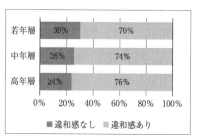

図2「あたし」の待遇度（世代差）

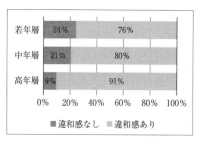

図3「おれ」の待遇度（世代差）

　「ぼく」「あたし」「おれ」の3項目とも，若年層から中年層，そして高年層に進むにつれて違和感を持つ割合が高く，容認度が低くなっていることがわかる。つまり，この結果から見ると，高年層になるほど自称詞の待遇度に対する基準が厳しくなるといえる。なお，「おれ」の高年層の容認度が9%に満たず際立って低いことが特徴的であるが，これは今回の調査対象となった高年層の女性全員が違和感があると答えたことによるもので，高年層の中でもとりわけ女性のほうが，会社場面での自称詞の待遇度に対する意識が厳しいことがうかがえる。

3．2　「わし」「おれ」の使用層に対する世代差

　男性自称詞「わし」「おれ」の使用層に対する容認度の世代差について調べた。図4が食事注文の場面での「わし」使用，図5が子どもの遊び場面での「おれ」使用に対する結果である。

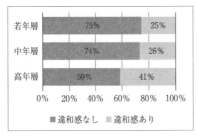

図4「わし」の使用層（世代差）

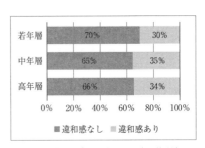

図5「おれ」の使用層（世代差）

　図4の「わし」の使用層における世代差を見ると，若年層と中年層に比べて高年層で違和感を持つ人の割合が高く，容認度が低いことがわかる。提示した場面の中では話し手を50代男性と設定しているが，実際にその年齢に近い被験者のほうが，ほかの年齢層の被験者に比べてより違和感を持っているという結果になった。図5の幼稚園児の「おれ」使用に対する容認度では，3世代とも大きな差は見られないが，若年層よりは中年層，高年層のほうで容認度が低い。

3．3　「きみ」の使用層に対する世代差

　「きみ」と「おれ」の対使用と，女性の「きみ」使用に対する容認度の世代差について調べた。図6が妻への発話場面での「きみ」と「おれ」の対使用，図7が若い女性同士の発話場面での「きみ」使用に対する結果である。

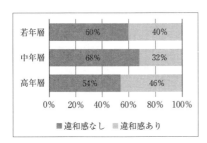

図6「きみ」「おれ」対使用（世代差）

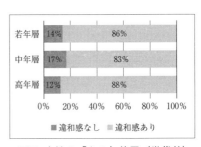

図7 女性の「きみ」使用（世代差）

44

　両方とも，中年層での容認度がもっとも高く，高年層での容認度がもっとも
低いことがわかる。若年層より中年層での容認度が高いのは，3．1と3．2の
分析では見られなかった結果である。この世代の人は，ほかの世代より盛んに
社会活動をしている世代であることを考えると，対称詞「きみ」は家庭などの
個人的な場面より，社会的な場面で多く接する対称詞という意識が働いている
のではないかと予測される。

４．容認度における男女差
４．１　「ぼく」「あたし」「おれ」の待遇度に対する男女差
　本節では，各場面に対する容認度において被験者の男女間で差が見られるか
どうかを考察する。まず，自称詞「ぼく」「あたし」「おれ」の待遇度に対する
容認度の男女差を調べ，その結果を図8，図9，図10に示す。

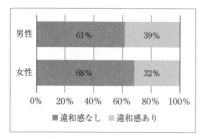

図8「ぼく」の待遇度（男女差）

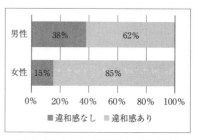

図9「あたし」の待遇度（男女差）

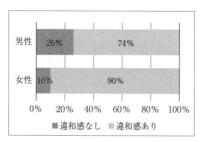

図10「おれ」の待遇度（男女差）

　結婚披露宴での「ぼく」使用に対する容認度においては，男女の間にそれほ
ど大きな差はないが，実際の使い手である男性のほうで容認度が若干低い。こ
れは，3．2で50代男性の「わし」使用に対する容認度を調べた際に，高年層

の容認度が低かったことと相通じるところがある。一方，会社の上司に対する「あたし」と「おれ」使用においては，両方とも女性のほうが男性より低い容認度を示しており，女性のほうが会社でのことばづかいにより気を使っていることがうかがえる。

４．２　「わし」「おれ」の使用層に対する男女差

　男性自称詞「わし」「おれ」の使用層に対する容認度の男女差を調べた。その結果は図 11，図 12 である。

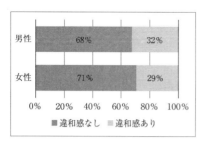

図 11「わし」の使用層（男女差）

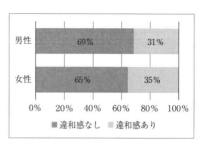

図 12「おれ」の使用層（男女差）

　「わし」の使用層に対する容認度の男女差は 3 ％，「おれ」の使用層に対する容認度の男女差は 4 ％で，両方ともそれほど大きな男女差は見られない。

４．３　「きみ」の使用層に対する男女差

　「きみ」と「おれ」の対使用と，女性の「きみ」使用に対する容認度の男女差について調べた。その結果は図 13，図 14 である。

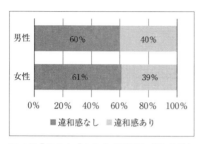

図 13「きみ」「おれ」対使用（男女差）

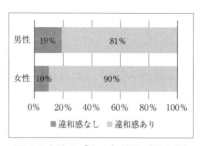

図 14 女性の「きみ」使用（男女差）

46

「きみ」と「おれ」の対使用に対する容認度においては，男女の間に差は見られない。一方，若い女性が「きみ」を用いることに対する容認度は女性のほうでより低く，3．2や4．1での結果と同じく，自分の立場に直結する場面でより厳しい評価をしていることがわかる。なお，女性に比べると盛んに社会活動をしている男性のほうで容認度が高いという図14の結果は，3．3でも述べたように，「きみ」が個人的な場面より社会的な場面でより多く用いられる対称詞だからではないかと推測される。

5．容認度における地域差
5．1 「ぼく」「あたし」「おれ」の待遇度に対する地域差

各場面に対する容認度において，被験者による地域間で差が見られるかどうかを考察する。まず，自称詞「ぼく」「あたし」「おれ」の待遇度に対する容認度の地域差を調べ，その結果を図15，図16，図17に示す。

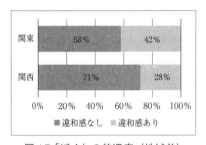

図15「ぼく」の待遇度（地域差）

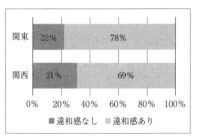

図16「あたし」の待遇度（地域差）

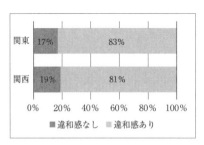

図17「おれ」の待遇度（地域差）

「おれ」の待遇度に対してはそれほど大きな差は見られないものの，すべての場面で関東の容認度が低い結果となっている。これに関連して尾崎（1996）は，

アンケート調査結果をもとにして，つぎのように述べている。

　　大阪でよく使われている自称詞は「オレ」であることがわかる。(中略)なお，「ボク」の使用率が東京に比べかなり低い点が注目される。(中略)大阪では東京以上に，「ボク」に"良い言葉"というニュアンスが込められているものと考えられる。こうしたニュアンスが込められているのは，大阪では東京以上に「ボク」が共通語と意識されているためである可能性がある。「共通語＝良い言葉」という認識が背後にあり，「ボク」にそのようなニュアンスが込められていると考えるのである。「ボク」は"良い言葉"であるため，対同姓友人で使用するとよそよそしくなり，使用が控えられているのであろう。こうしたいわば"目に見えない方言"の存在も，東京との比較による大量調査から見えてくるのである。(pp.303-304)

　尾崎 (1996) は学校の中の方言を調査したもので，調査対象が中高生に限られている。しかし，図 15 の「ぼく」の待遇度に対する容認度で，関東と関西の間に差が見られる要因として，「「ぼく」が目に見えない方言だから」とする可能性は十分ある。つまり，「ぼく」は「良い言葉」であるためフォーマルな場面で使うことに違和感がなく，「わたし」へのシフトの必要性もあまり感じないということである。
　また，女性自称詞「あたし」の場合，関西のほうで容認度が高い要因として方言形式の女性自称詞「うち」の存在をあげることができる。これについては，尾崎 (1996) も「大阪高校女子の結果で，「ワタシ」「アタシ」がよく使われているが，女子で期待される方言形式の「ウチ」も約 4 人に 1 人が使っており，男子の「ワシ」「オイ」「ワテ」よりも"元気な方言"である (p.304)」と述べている。「わたし」や「あたし」に比べてインフォーマルな場面で主に用いられる自称詞「うち」の存在が，相対的に「あたし」の待遇度に対する意識を高める結果になったと考えられる。

５.２　「わし」「おれ」の使用層に対する地域差
　男性自称詞「わし」「おれ」の使用層に対する容認度の地域差を調べた。その結果は図 18，図 19 である。

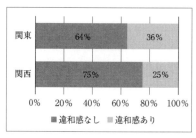

図18「わし」の使用層（地域差）

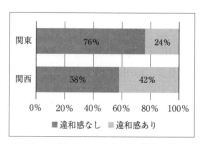

図19「おれ」の使用層（地域差）

　「わし」の使用層に対する容認度は，関西より関東のほうでより低い。すなわち，「「わし」は老人語だ」というイメージは関東のほうで強く，関西では広い年齢層で用いることができる人称詞として意識されていると考えられる。一方，「おれ」の使用層に対する容認度は関東より関西のほうでより低く，「おれ」は幼稚園児が用いる自称詞として望ましくないという意識が関西のほうで強いという結果となっている。

５．３　「きみ」の使用層に対する地域差

　対称詞「きみ」と「おれ」の対使用と，女性の「きみ」使用に対する容認度の地域差について考察する。その結果は，図20，図21である。

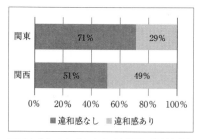

図20「きみ」「おれ」対使用（地域差）

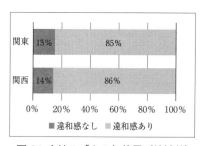

図21 女性の「きみ」使用（地域差）

　「きみ」と「おれ」の対使用に対する容認度は，関東のほうで高い。つまり，関東では「おれ」と「きみ」を対使用することに対する違和感が少なく，関西に比べてより広い範囲で用いられていると考えられる。一方，若い女性が「きみ」を用いることに対する容認度は，両地域の間に差は見られず，ともに低い容認

度を示しており，「きみ」は男性対称詞だという意識が現れている。

6．まとめ

　以上，本章では，意識調査による日本語人称詞の共時的相違という観点から，現在使われている日本語人称詞が，日本語母語話者にどのように意識され，社会的にどのようなバリエーションを見せているのかを考察した。

　考察する内容としては，（1）「ぼく」「あたし」「おれ」の待遇度に対する容認度，（2）「わし」「おれ」の使用層に対する容認度，（3）「きみ」の「おれ」との対使用と使用層に対する容認度という3つの項目を立て，普段の言語生活の中で，日本語母語話者は各人称詞に対してどのような使い分け意識を持っているのかを調べた。また，この3つの項目に対して，被験者による「世代差」「男女差」「地域差」という3つの観点を加えることで，各人称詞のバリエーションについてより詳細な観察を行った。

　その結果，つぎの6点が明らかになった。

　　（1）フォーマルな場面での自称詞として，「ぼく」は必ずしも「わたし」へシフトさせる必要はないという意識が強い反面，「あたし」と「おれ」に対しては「わたし」や「ぼく」へのシフトが必要だという意識が強い。

　　（2）男性自称詞「わし」を老人語とする意識はそれほど強くなく，幼稚園児の用いる「おれ」に対する容認度も高いため，「わし」「おれ」の使用層に対する意識は広くなっている。

　　（3）「きみ」と「おれ」の対使用に対する容認度は高いが，女性の用いる「きみ」に対する容認度は低く，「きみ」を男性対称詞とする意識が強い。

　　（4）「世代差」の視点から見ると，多くの発話場面で高年層の容認度が低く，とりわけ「おれ」の待遇度と「わし」の使用層に対する容認度は著しく低い。なお，「きみ」の対使用と使用層に対する容認度では中年層が若年層よりも高く，「きみ」の使用に積極的である。

　　（5）「男女差」の視点から見ると，「あたし」の待遇度や女性の用いる「きみ」など，女性に直結している場面に対する女性の容認度が非常に低い。なお，「おれ」の待遇度など会社場面での自称詞の使い分けに対する意識も，女性のほうでより厳しい。

　　（6）「地域差」の視点から見ると，関西では「わし」の使用層に対する容認度が高く，「きみ」と「おれ」の対使用に対する容認度が低いという特

徴が見られる。また，自称詞の待遇度に対する容認度はすべて関東のほうで低く，より厳しい使い分けの意識が見られる。

第 二 部

韓国語との対照から見た日本語人称詞

第3章
文学資料による日本語と韓国語の
人称詞の対照[1]

1. 調査の概要
1.1 調査の目的

　従来の研究の中で，日本語と韓国語の人称詞については共通性が強調されることが多く，対照的な考察があまり行われていなかった。しかし，基本的な枠組みが似ていても，実際の運用において両言語の人称詞は異なる側面を多く持っている。本章の目的は，実際の使用場面で現れる日本語と韓国語の人称詞の違いを明らかにすることである。

　とりわけ，ここでは，日本語と韓国語の人称詞の頻度差と，それにかかわる要因に注目する。そのため，両言語で書かれた原作または翻訳版の同一小説を分析資料として考察を行う。

　韓国語では，西欧言語での人称代名詞という概念と違って，親族名称や職名などが人称詞として多用される。また，文中での主語の明示が必要不可欠である英語などに比べると，主語や目的語の省略が可能であるという面で日本語に似ている。このように，日本語と韓国語での人称詞の使用環境は，非常に類似している。

　まず，両言語間の人称詞の使用実態にどのような違いが予想されるか，韓国人日本語学習者の日本語での談話内容に注目してみよう。韓国人日本語学習者の談話をよく観察してみると，多くの人が人称詞を過度に使っていることに気がつく。

　以下の談話例（1）は，日本語母語話者（T）と韓国人日本語学習者（S）のロールプレイの一部である。この韓国人日本語学習者は，OPIにおける言語能力の判定結果から上級レベルと判定されているが，明らかに自称詞「私」の過剰使用が見られる。（本文中の〈　〉は聞き手の相づち的な発話である。）

1　本章の内容は，鄭（2000，2002a）をもとにしている。

（1）　T：あーもしもし，〈はい〉えーっと京都駅です，〈あーそうですか〉
　　　　　　はい

　　　　S：あー私はあー東京から，〈え〉あー1時間前の前に〈ええ〉京都駅
　　　　　　に到着した人です，〈あーはーはい〉はい，私は新幹線をあー8時
　　　　　　半東京発の，〈はい〉新幹線に乗りました，〈え〉そして，〈はい〉
　　　　　　まあ残念ですけど私が私の荷物1つの荷物を，〈はい〉おー汽車の
　　　　　　中に，〈はい〉のって，〈はい〉残っておりました，〈あーはーはー
　　　　　　はー〉私の，〈はい〉座席番号は，〈はい〉6号車の

　　　　T：ちょっと待って下さい，〈はい〉6号車の

　　　　S：はい56番です，〈56番，はいはい〉指定席です

　　　　T：えーと京都東京8時ですか，京都は，〈あー〉京都は10時20分
　　　　　　ごろですね

　　　　S：はい，〈はい〉そーでした，〈はい〉私の考えでは，〈えっえ〉私の
　　　　　　座席の，下に，残ったと思いますけど

　　　　T：あーはーはーはーそれは新大阪行きですから連絡を取ることがで
　　　　　　きます，はい，どうぞ，〈あーそうですか〉はい

　　　　S：私は今京都大学の，〈はい〉あー前の旅館に，〈え〉泊まっています，
　　　　　　〈あーはーはー〉電話番号は，〈はい〉555－666です

　　　　T：はいはい，お名前は

　　　　S：私はSと申します　　　　　　　　　　　　　　　　　　［KY]²

　このように，韓国人日本語学習者に人称詞，とりわけ自称詞の過剰使用が目
立っていることに着目し，実際に両言語で人称詞の頻度差がどの程度見られる
かを調べ，この違いをもたらす要因を明らかにしていく。

　ここで，形式の面から日本語と韓国語の人称詞にどのようなものがあるかを
比較する。人称詞の中でも定記述・固有名詞というのは人名詞や名前などを指
しているのでここでは省略し，人称代名詞の内容だけを表1に示した³。表1は，
日本人向けの韓国語入門書である油谷（1996：p.31）にローマ字表記を加えて
改変したものである。

2　用例の出典については，本書の末尾の分析資料に略語とともに記載している。
3　「定記述」と「固有名詞」という用語は田窪（1997）にもとづいている。定記述という
　のは普段呼称としてよく用いられる親族名称や職業名，肩書などを指す。このように，人
　を表す普通名詞のことを人名詞という。

　ちなみに，本書の本文中のハングル文字には原則ローマ字表記を並記している。ただし，例文や意識調査の調査票の韓国語においては，必要な箇所のみに付け加えることにとどめる。このローマ字表記は Yale 方式にしたがっており，ハングル字母と Yale 方式の対照表を本書の末尾の付録 3 に記載している。

表1　日本語と韓国語の人称代名詞の比較 [4]

人称	単数		複数	
I	나 na/ 내 nay	ぼく，わたし	우리 wuli （들 tul）	われわれ
	저 ce/ 제 cey	わたくし	저희 cehuy （들 tul）	わたしども
II	너 ne/ 네 ney	おまえ	너희 nehuy （들 tul）	おまえたち
	자네 caney	きみ	자네들 caneytul	きみたち
III	그 ku	彼	그들 kutul	彼ら
	그녀 kunye	彼女	그녀들 kunyetul	彼女ら

　単数形人称代名詞から見てみよう。韓国語の自称代名詞は丁寧度によって 2 つに分けることができ，表 1 に示した「나 na」と「저 ce」である [5]。一方，日本語の自称代名詞には，表 1 に示したもののほかにも「おれ」「あたし」「わし」などがあり，韓国語に比べてその種類が多い [6]。対称代名詞の場合は，日本語と韓国語ともに表 1 に示したもののほかに「あなた」や「おたく」，「당신 tangsin」や「댁 tayk」などがある。

　表 1 では韓国語の対称代名詞について明確な丁寧度の差が示されていないので，参考としてつぎの表 2 を加える。これは，韓国語の敬語研究の中でもっとも多く引用される崔（1937）の定義にもとづいて再構成したものである。この区分を日本語の人称代名詞に当てはめると右側の表 3 のとおりになる [7]。

4　斜線で区切っているのは，人称代名詞の種類の別ではなく，後接する形式による形の変化を表している。たとえば，自称代名詞「나 na」は，係助詞「는 nun」（日本語の「は」に当たる）が後接する場合は「나 na」のままだが，格助詞「가 ka」（日本語の「が」に当たる）が後接すると「내 nay」に変化するといった様子である。また，括弧の中の複数形接尾辞「들 tul」は，つけてもつけなくても意味は同じであることを示す。

5　岩波の『古語辞典』（1994）には，日本語の古語の「な（己）」を説明するにあたって，「朝鮮語 na（己）と同源（p.964）」という記述があり，日本語の古語の自称詞「な（己）」と韓国語の自称詞「나 na」との関連性について指摘している。

6　金（1986）では，韓国語に比べて日本語のほうで人称代名詞の種類が多く，個々のものが用いられるレベルも多岐にわたっていることと，韓国語にはない男女別の言い方があることが指摘されている。

7　表 3 の日本語訳には異論もあると思われるが，これは金（1989）で崔（1937）を引用した際に用いた訳にもとづいている。

表 2　韓国語の対称代名詞の待遇段階

待遇度	人称代名詞
極卑称	너 ne
普通卑称	자네 caney
普通尊称	당신 tangsin, 그대 kutay
極尊称	어른 elun

表 3　日本語の対称代名詞への対応

待遇度	人称代名詞
極卑称	おまえ
普通卑称	きみ
普通尊称	あなた
極尊称	おたく様，そちら様

　つぎに，複数形人称代名詞を見てみよう。複数の人を表す形式として多く使われるのは複数形接尾辞である。日本語には「たち」「ら」「がた」「ども」など，多数の複数形接尾辞がある。一方，韓国語の複数形接尾辞は「들 tul」という形式 1 つのみといっても過言ではない[8]。また，日本語では，「人々」「方々」のように畳語を使って複数の人を表す形式が多く使われているが，韓国語にこのような形式はない[9]。つまり，全般的に日本語のほうが韓国語に比べて複数を表す形式が豊富であるといえる。

1.2　調査の方法

　本章では，以下の方法で分析を行った。

　分析資料としては，日本の小説 5 冊とその韓国語翻訳版 5 冊，韓国の小説 4 冊とその日本語翻訳版 4 冊の計 18 冊の現代小説を使用した。また，会話体に表れる人称詞の考察を中心とするので，小説の中でも会話文のみを分析対象とした。その中から人称詞が用いられている文を抽出し，両言語の原作とその翻訳版に表れる人称詞を同一箇所において比較した。使用した小説についての詳細は，本書の末尾に分析資料として記している。なお，補助資料として日本語学習者の談話データである『Ｋ Ｙ corpus version 1.1』（1999）を利用し，この中から韓国人日本語学習者の談話例を取りあげる。

　本研究は会話文での人称詞の使用に注目していると述べたが，会話における主体は話し手と聞き手であるため，今回の調査で分析する人称詞は自称詞と対称詞に限定した。この中には，自称代名詞と対称代名詞はもちろん，自分や相

8　限られた範囲で使われる複数形接尾辞として「네 ney」がある。これに関しては，第 6 章で詳しく述べる。

9　「하루하루 halwuhalwu（日々）」「곳곳에 koskosey（ところどころに）」のように，畳語の形式そのものは韓国語にも存在するが，複数形人称詞として畳語を使う例はない。

手を表すことばとして用いられた定記述類や固有名詞も含まれている。

　まず，第2節では，対訳資料の中での人称詞の出現頻度を調べ，その出現頻度を形式別に比較する。2.1では，両言語版での人称詞の出現頻度を具体的に示し，2.2では，その中でもとりわけ単数形人称詞に焦点を当て，どちらか片方の言語版のみに出現した例や，同一箇所に異なる形式が用いられた例など，その使用実態の違いについて考察する。2.3では，複数形人称詞に焦点を当て，2.2と同じく，どちらか片方の言語版のみに出現した例や，同一箇所に異なる形式が用いられた例などについて考察する。このような比較分析は，両言語が同じSOV型の膠着語という共通点を持っているからこそ可能な方法だと考える。

　第3節では，両言語の人称詞に頻度差をもたらす要因について考察を行う。すなわち，対訳資料の中でお互いに異なる形式が用いられている文の内容を観察することで，人称詞の頻度差にかかわる要因を探り出し，その詳細を考察する。

2．日本語と韓国語の人称詞の出現頻度
2.1　人称詞の出現頻度の差

　まず，対訳資料の中での人称詞の使用実態を把握するため，両言語版の小説の中に出現している自称詞と対称詞を，単数形と複数形に分けてそれぞれの出現頻度を調べた。その結果を表4に示す。

表4　両言語版での人称詞の出現頻度

	単数形自称詞	単数形対称詞	複数形自称詞	複数形対称詞	合計
日本語版	1941	1372	205	103	3621
韓国語版	2171	1463	363	127	4124

　表4から，両言語版での出現頻度の間に差が見られることがわかる。全体から見て，韓国語版のほうで503例の人称詞がより多く用いられている。さらに，単数形と複数形ともに，対称詞の差より自称詞の差が著しい。

　すでに言及してきたように，日本語人称詞の特徴は，人称代名詞以外の形式がよく用いられることである。これは，日本語にとって聞き手との関係が人称詞の使用に大きく影響するからであるが，韓国語人称詞も聞き手との関係を重視する面では日本語に似ている。定記述・固有名詞の多用という側面においても，英語などに比べると日本語に近い様相を見せている。したがって，ここでは，

対訳資料の中に表れた日本語と韓国語の人称詞の形式にはどのような種類があり，これらの各出現頻度に差は見られるかどうかを考察する。

まず，以下に形式別の例をいくつかあげよう。

（2）a <u>私</u>が死んだら，<u>あんた</u>ひとりぼっちよ。　　　　　　［キッチン］

　　 b <u>내</u>가 죽으면, <u>너</u> 외톨이잖아.　　　　　　　　　　　［키친］

（3）a <u>さつき</u>は絶対そう言うと思ったんだ。　　　　　　　　　［キッチン］

　　 b <u>사츠키</u>는 분명 그렇게 말할 줄 알았어.　　　　　　　　［키친］

（4）a <u>パパ</u>，もうすぐブーブで迎えに行くからな。　　　　　　［リング］

　　 b <u>아빠</u>가 이제 곧 빵빵 타고 마중 갈 테니까.　　　　　　［링］

（2）では人称詞として自称代名詞「わたし」と「나 na（わたし）」，対称代名詞「あんた」と「너 ne（あなた）」が使われている。（3）では固有名詞である名前の「さつき」と「사츠키 sachukhi（さつき）」が，（4）では定記述である親族名称の「パパ」と「아빠 appa（パパ）」が用いられている。

以上の代表的な人称詞の形式を含めて表4の内容をより細かく分類し，以下の表5に示す。これをもとに，どちらの言語版でどのような人称詞を多用しているか具体的な分析を行う。

表5 両言語版での人称詞の形式別の詳細 [10]

	自称代名詞	対称代名詞	定記述	固有名詞	指示詞	自分	自身	一般名詞	合計
日本語版	1955	1101	210	109	58	131	24	33	3621
韓国語版	2445	1167	283	103	33	10	36	47	4124

両言語版ともに，人称代名詞の出現頻度がもっとも高く，日本語版では84.4％，韓国語版では87.6％の割合である。その一方で，定記述や固有名詞，指示詞などもかなり多く使われており，西欧言語とは違ってバラエティに富んでいる。

両言語版を比較してみると，「自称代名詞」，「対称代名詞」，「定記述」までは出現頻度の順位が同じであるが，日本語版ではそのつぎに「自分」の出現頻度

10　韓国語での一般名詞47例の中には，「人名詞＋複数形接尾辞」の形式も含まれている。よって，ここでいう一般名詞とは，単数を表す「普通名詞」，複数を表す「複数名詞」，さらに，「人名詞＋複数形接尾辞」の形式まで含まれた意味として用いている。これらの区分については，２.３で詳述する。

58

が高く，韓国語版とは異なる傾向が見られる。日本語版での「自分」の多用は，日本語の「自分」と韓国語の「자기caki」における運用上の違いの現れだと考えられる。これに関しては，3.5で詳しく考察する。

2.2 単数形人称詞の省略と他形式との交代

上記の例の（2）〜（4）のように，両言語版ともに同じ形式の人称詞が用いられている例は，両言語での人称詞使用の相違を明らかにするという本章の目的とは関連が薄い。よって，表5に示した人称詞の中からこのような例を除いて，お互いに異なる形式が使われている例だけを抽出，考察する。まず，単数形人称詞だけに注目し，その各々に対して日本語版と韓国語版でどのような異なる形式を当てはめているかを調べた。その結果を表6に示す。なお，片方の言語版のみに用いられた人称詞については，何も用いられていないほうに「省略」としてまとめている。

表6 両言語版での単数形人称詞の形式のずれ

	単数自称代名詞	単数対称代名詞	省略	定記述/固有名詞	指示詞	自分/自身	その他	普通名詞	合計
日本語版	144	153	589	45	41	134	6	6	1172
韓国語版	477	208	226	112	14	25	14	8	1084

表6は単数形人称詞の形式のみの結果となっているが，一方で単数形が使われているのに他方で複数形が使われている場合もあるため，日本語版と韓国語版の合計が必ずしも一致するわけではない。

ここでは，「自分/自身」と「省略」の2つの点に注目したい。まず，「自分/自身」における差である[11]。表6を見ると，ほかの形式は日本語版より韓国語版での頻度が高いのに対し，「自分/自身」と「指示詞」は日本語版での頻度が高い。日本語版に出現している「自分/自身」の134例に対し，韓国語版ではどのような人称詞が対応しているかを調べた結果，52.2％にあたる70例が単数形人称代名詞であり，22.4％にあたる30例は省略されている。「指示詞」の場合も，48.8％にあたる20例が，韓国語版では単数形人称代名詞で対応しており，

---

11 日本語形式の「自分」にあたる韓国語形式は「자기caki」，「自身」にあたる韓国語形式は「자신casin」である。ちなみに，この日本語版での形式の中には「自分自身」も1例含まれている。

韓国語版での単数形人称代名詞の多用の傾向が見られる。

　つぎに，「省略」における差である。これについては，表7で詳しく見ていく。表7は，表6で「省略」としてまとめた内容を具体的に考察するため，両言語版に出現している人称詞のうちに片方の言語版のみに表れた単数形人称詞の詳細を調べた結果である。対訳資料の同一箇所で，韓国語版にない単数形人称詞が日本語版に表れた226例については，日本語版のみの詳細として，日本語版にない単数形人称詞が韓国語版に表れた589例については，韓国語版のみの詳細として集計した。

表7 片方の言語版のみに出現した単数形人称詞の詳細

	単数自称 代名詞	単数対称 代名詞	定記述 / 固有名詞	指示詞	自分 / 自身	普通名詞	合計
日本語版のみ	114	67	10	5	30	0	226
韓国語版のみ	379	177	24	2	6	1	589

　全体の傾向としては，表6の結果とそれほど変わらない。もっとも多い形式は両言語版ともに人称代名詞であるが，日本語版のみに表れた「自分 / 自身」の頻度が非常に高いことがわかる。一方，韓国語版では，「単数形自称代名詞」と「単数形対称代名詞」の合計が全体の半分以上を占めており，また「定記述 / 固有名詞」の数値も日本語版に比べて比較的高い。

　以上の結果から，日本語は韓国語に比べて単数形人称詞の使用を避ける傾向が強く，韓国語は人称代名詞や定記述，固有名詞などを頻繁に使用し，できるだけ人称詞を明示しようとする傾向が強いことが明らかになった。

２.３　複数形人称詞の省略と他形式との交代

　日本語と韓国語の複数形人称詞の頻度差を調べるため，対訳資料の会話文の中から複数形人称詞だけを収集し，同一箇所に異なる形式が使われている例と，片方の言語版のみに用いられている例を抽出した。その詳細を表8に示す。

表8 両言語版での複数形人称詞の形式のずれ

	複数自称 代名詞	複数対称 代名詞	省略	指示詞	その他	複数名詞	複数形 接尾辞	合計
日本語版	16	10	127	0	41	8	0	202
韓国語版	173	21	16	2	0	13	7	232

60

　表8の「複数形自称代名詞」と「複数形対称代名詞」には，日本語の「わたしたち」「おまえら」などと，韓国語の「우리 wuli（들 tul）（わたしたち）」「너희 nehuy（들 tul）（あなたたち）」などが含まれている。また，「複数形接尾辞」に分類されているのは，日本語の「人名詞＋たち／ら／ども」と，韓国語の「人名詞＋들 tul」の形式であるが，この形式は日本語版では1例も見当たらず，韓国語版でもそれほど多くない。これは，本章での調査が他称詞を除いて自称詞と対称詞だけを分析対象としているからである[12]。「複数名詞」に分類されているのは，日本語の畳語や「諸君」「みんな」，韓国語で「すべて」「全部」を意味する「모두 motwu」「다 ta」など，複数としてしか解釈できない人名詞のことである。

　以下に，形式別の例をあげよう。

（5）a　だって君たち今，うまくいってるんでしょう。　　　　［キッチン］

　　　b　너희들 지금 잘 돼 가고 있잖아 .　　　　　　　　　　［키친］

（6）a　黙れこの若造が，　　　　　　　　　　　　　　　　　［アボジ］

　　　b　이런 놈의 새끼들이 !　　　　　　　　　　　　　　　［아버지］

（7）a　おたくたちのように成功した方々に，あっしのような無学のものが
　　　　あれこれ言うのはおかしなもんですが…。　　　　　　［アボジ］

　　　b　댁들 같이 성공한 분들에게 나같은 무식쟁이가 이런 저런 말을 한다
　　　　는 게 우습소만….　　　　　　　　　　　　　　　　　［아버지］

（5）は両言語版での「複数形対称代名詞」の例，（6）は韓国語版での「複数形接尾辞」の例，（7）は日本語版での「複数名詞」の例である。

　表8で特に注目したい点は，韓国語版での使用形式がほとんど複数形人称代名詞に集中していることである。これに関連して，つぎの例を見てみよう。

（8）a　オレの大学に方言の専門家がいるから，そいつにきいてみて…。

　　　　　　　　　　　　　　　　　　　　　　　　　　　　　［リング］

　　　b　우리 대학에 방언전문가가 있으니까 그치한테 물어보지 .　　［링］

（8）では，日本語の単数形自称詞「おれ」に，日本語の「わたしたち」に当たる韓国語の複数形自称詞「우리 wuli」が対応している。このような傾向は自称詞のみならず，（9）のような対称詞にもよく現れる。

12　ここでは，人称代名詞に複数形接尾辞が後接している形式については，すべて複数形人称代名詞として分類した。また，他称詞として用いられた「人名詞＋複数形接尾辞」の例については，第6章の「韓国語との対照から見た日本語複数形接尾辞」で考察する。

（9）a おまえの家で，ダビングできるかい？　　　　　　　　　［リング］

　　　b 너희 집에서 더빙할 수 있냐？　　　　　　　　　　　　［링］

　（9）では，日本語の単数形対称詞「おまえ」に，日本語の「あなたたち」に
当たる韓国語の複数形対称詞「너희 nehuy」が対応している。これは複数形で
はあるが，もし相手が一人暮らしをしているとしてもまったく差し支えなく使
われる表現である。このように，日本語で単数形人称詞が用いられているとこ
ろに，韓国語では複数形人称詞が用いられる例が少なくない。これについては，
韓国語学習のためのテキストにもよく言及されており，非常に慣用的な表現で
ある。ちなみに，韓国語では助詞の「の」に当たる形式「의 uy」は省略される
ことが多く，(8) b の「우리 wuli」と（9）b の「너희 nehuy」はこのままで「わ
たしたちの」「あなたたちの」という連体修飾語としての働きをする。

　また，韓国語での複数形自称代名詞の多用に深くかかわっている形式として，
表 8 での「その他」をあげることができる。この形式は，韓国語版では 1 例も
見られないのに対し，日本語版では 41 例と高い頻度を示している。ここでの日
本語形式 41 例はすべて「うち」という形式であり，これは，連体修飾語として
用いられている韓国語の複数形自称詞「우리 wuli」に日本語の「うち」が多く
対応するからである。以下にその例をあげる。

　（10）a 家の母親にビビった？　　　　　　　　　　　　　　　［キッチン］

　　　b 우리 엄마 보고 쫄았어요？　　　　　　　　　　　　　　［키친］

　（11）a うちの劇団にいたのは，一年か二年だと思ったけど。　　［リング］

　　　b 우리 극단에 있었던 건 1 년인가 2 년간이었던 것 같습니다．　［링］

　ちなみに，表 8 の分析結果で注目したい形式として「複数形接尾辞」がある。
これは，韓国語版のみで 7 例が見られている。ここで，日本語と韓国語の複数
形接尾辞が使用場面によってどのようなずれを見せているかを考察する[13]。

　（6）a 黙れこの若造が，　　　　　　　　　　　　　　　　　　［アボジ］

　　　b 이런 놈의 새끼들이！　　　　　　　　　　　　　　　　［아버지］

　（6）を見てみると，日本語では単数形の普通名詞「若造」で表していると
ころを，韓国語では「やつ」の意味で主に悪口で用いられる普通名詞「새끼
saykki」に複数形接尾辞「들 tul」が後接し，指示対象が複数であることを明確
に示している。

13　これに関しては，第 6 章の第 1 節「韓国語の複数形接尾辞の特徴」で詳しく述べる。

62

さらに，韓国語では「우리 wuli」や「너희 nehuy」など，もともと複数形である人称詞に対して，より複数の意味を明確にしたいとき，複数接尾辞「들tul」をつけて「우리들 wulitul」や「너희들 nehuytul」とする場合があり，この形式も非常に幅広く使われている[14]。以下の例を見てみよう。

(12) a <u>私たち</u>待ってるから。　　　　　　　　　　　　　　　　［アボジ］

b <u>우리</u>가 기다릴게.　　　　　　　　　　　　　　　　　　［아버지］

(13) a <u>私たち</u>がいけなかったの。　　　　　　　　　　　　　　　［アボジ］

b <u>우리들</u> 잘못이야.　　　　　　　　　　　　　　　　　　［아버지］

(12) の b では複数形接尾辞が後接していない形式「우리 wuli」が，(13) のbでは複数形接尾辞が後接している形式「우리들 wulitul」が使われているが，その日本語訳としては両方とも同じく「わたしたち」が用いられている。

以上のような韓国語版での特徴的な複数形人称詞の使用に対し，日本語版では「省略」への集中が著しい。表 8 での「省略」の頻度を見ても，韓国語版の16 例に比べて日本語版は 127 例もある。表 9 は，表 8 で「省略」としてまとめた内容をより具体的に考察するため，両言語版に出現している人称詞のうちに片方の言語版のみに表れた複数形人称詞の詳細を調べた結果である。対訳資料の同一箇所で，韓国語版にない複数形人称詞が日本語版に表れた 16 例については日本語版のみの詳細として，日本語版にない複数形人称詞が韓国語版に表れた 127 例については韓国語版のみの詳細として集計した。

表 9 片方の言語版のみに出現した複数形人称詞の詳細

	複数自称代名詞	複数対称代名詞	その他	複数名詞	合計
日本語版のみ	9	2	4	1	16
韓国語版のみ	106	11	0	10	127

全体の傾向としては，表 8 の結果とそれほど変わらない。韓国語版では，複数形自称代名詞が合計の大半を占めている。一方，日本語版では，「うち」3 例が含まれている「その他」の頻度だけが韓国語版より高い。

以上の結果から，日本語と韓国語の複数形人称詞における違いは，韓国語での複数形自称代名詞の高い出現頻度と，それに対応する日本語での形式の多様

14　これに関しては，金（1989）も「朝鮮語の uri は，依然として複数としても使われるが，複数の意味を明確にしたい場合は，複数語尾들 tul をつけて，uritul とする。(p.68)」と述べている。

さであることが明らかになった。2.2での単数形人称詞に関する分析の結果，日本語版での単数形人称詞の省略が韓国語版に比べて非常に多く，日本語が韓国語より単数形人称詞の使用を避ける傾向にあることがわかる。さらに，2.3での複数形人称詞に関する分析の結果から見ると，このような傾向は複数形人称詞にも同じくいえるもので，日本語が韓国語より複数形人称詞の使用を避けていることがわかる。

　以下の第3節では，これまでの考察結果にもとづき，両言語の人称詞の頻度差に影響を与えていると思われる要因について考察を行う。

3．日本語と韓国語の人称詞に頻度差をもたらす要因
3．1　授受表現と受動文における頻度差

　日本語と韓国語では常に類似性が指摘されることが多いが，授受表現と受動文においては非常に異なる様相が見られる。ここでは，この2つの形式を取りあげて，日本語と韓国語の文形式のずれが，両言語の人称詞の頻度差に影響している可能性について考察する。

　渡辺（2001）につぎのような記述がある。

　　ゼロ形式は整合性の高い文脈に現れると予測される。意識の中心にあるものが省略されているのだから，何が指示対象になっているかは多くの推論を要せずに同定できるはずだ。(p.847)

　この論にもとづいて考えると，韓国語より日本語のほうで人称詞の頻度が少ないのは，同じ事柄を表す文脈の中で，韓国語より日本語のほうで指示対象が推論されやすいからだと判断できる。このように，両言語での文脈の中で，指示対象の推論における難易度に差を与える形式として，授受表現と受動文を取りあげることができる。

　まず，授受表現について考えてみよう。

　以下の談話例（14）は，日本語母語話者（Ｔ）と上級レベルの韓国人日本語学習者（Ｓ）のロールプレイである。

　　（14）Ｓ：あ，今日何かある

　　　　　Ｔ：うん，今日，〈ん〉あの，忘年会

　　　　　Ｓ：忘年会，<u>私なぜ誘った</u>，<u>誘わなかったの</u>　　　　　　　　［ＫＹ］

64

　下線部分の韓国人日本語学習者の発話には若干の不自然さを感じる。この文を「どうして誘って<u>てくれ</u>なかったの」に替えるとより自然な文になり，このとき「〜てくれる」という授受表現が方向性を表すため，自称詞「私」は不要になる。このように，韓国人日本語学習者にとって，授受表現を上手に使いこなせないということは，ときおり誤解を招く場合がある。

　(15)〜(20) は，対訳資料の中での授受表現の例である。

(15) a わかっ<u>てくれる</u>だろ。　　　　　　　　　　　　　　　［シュリ］

　　 b <u>나</u> 이해할 수 있지 ?

　　　 (<u>俺</u>（を），理解できるだろう。)　　　　　　　　　　 ［쉬리］

(16) a もし誤診だったら訴え<u>てやる</u>ぞ。　　　　　　　　　　 ［アボジ］

　　 b 나중에 오진이면 내 틀림없이 고발할 걸세.

　　　 (あとで誤診だったら，<u>俺が</u>必ず訴える。)　　　　　　 ［아버지］

(17) a 守っ<u>てやる</u>ことはできない。すまない。　　　　　　　 ［シュリ］

　　 b <u>널</u>¹⁵ 지켜<u>주</u>지 못해 미안해.

　　　 (<u>君を守ってやれ</u>なくてすまない。)　　　　　　　　　 ［쉬리］

(18) a もっとえり子が相談し<u>てくれ</u>ていたら，　　　　　　　 ［キッチン］

　　 b 에리코가 <u>나한테</u> 자세하게 의논이라도 해 <u>주었으면</u>,

　　　 (えり子が<u>私に</u>詳しく相談でもし<u>てくれ</u>たら，)　　　 ［키친］

(19) a こんな感情を，わかっ<u>てもらう</u>ように説明する自信も，根気もなかった。

　　　　　　　　　　　　　　　　　　　　　　　　　　　 ［キッチン］

　　 b 그런 감정을 <u>네가</u> 이해할 수 있도록 설명할 자신도 끈기도 없었어.

　　　 (そんな感情を<u>君が</u>理解できるように説明する自信も根気もなかった。)

　　　　　　　　　　　　　　　　　　　　　　　　　　　 ［키친］

(20) a お<u>わかりいただける</u>でしょ。　　　　　　　　　　　　 ［サイ］

　　 b <u>내</u> 말 이해하겠죠 ?

　　　 (<u>私の</u>話，理解できるでしょう。)　　　　　　　　　　 ［무소］

　韓国語文の (15) b と (16) b では，授受表現が用いられていない。よって，指示対象の「나 na（俺）」と「내 nay（俺が）」を表面上に示さなければ曖昧な

15　ここの「널 nel」は，「너 ne（あなた）」と「를 lul（を）」が合体した形で，「너를 nelul（あなたを）」の縮約形である。後述する (23)b の「날 nal」も，「나 na（私）」と「를 lul（を）」が合体した形で，「나를 nalul（私を）」の縮約形である。ほかの例文にもこのような縮約形が多く登場するが，以降は詳しい説明を省略する。

文になりやすい。これに対して，日本語文の（15）aと（16）aでは，「〜てくれる」「〜てやる」という授受表現が明確な方向性を表している。

（17）と（18）の場合は，韓国語文でも授受表現が用いられている。しかし，韓国語の授受表現には「〜てやる」と「〜てくれる」の区別がない[16]。そのため，（17）bと（18）bでは，両方とも同じ形式の授受表現である「〜아/어 주다 a/e cwuta」が用いられており，「〜てやる」として使われた（17）bでは「널 nel（君を）」，「〜てくれる」として使われた（18）bでは「나한테 nahantey（私に）」が，動作の方向にかかわる人物として文の表面に明示されている。

（19）aと（20）aの「〜てもらう」「〜ていただく」のように，与えるのではなく受け取る側の視点からの形式も，日本語では動作の方向性を明確にする大きな目印になる。しかし，これらの形式は韓国語ではそれほど広い範囲で使われない。さらに，韓国語には「〜てもらう」と「〜ていただく」との間の待遇度による区別がない。そのため，（19）bと（20）bでは，日本語文での授受表現が訳されずに省略されている。

このように，日本語文での授受表現は，韓国語文では「〜아/어 주다 cwuta」形式に訳されるか，省略されるケースが多い。すなわち，日本語文では授受表現が多用され，これらが明確な方向性を示しているため，文の表面に与え手か受け手を顕示する必要性が薄くなる。したがって，人称詞の使用率が低くなる。一方，韓国語では日本語に比べて授受表現の使用が少なく，必然的に文の表面に動作にかかわる人物を顕示する必要性が強くなる。したがって，人称詞の使用率が高くなる，という関係性が確認できる。

なお，（21）と（22）のように，授受表現と使役を組み合わせるのも韓国語ではあまり見られない形式である。

（21）a 何か<u>手伝わせて</u>ください。　　　　　　　　　　　　［キッチン］

　　　b 제가 좀 거들께요.

　　　（<u>私</u>が<u>手伝います</u>。）　　　　　　　　　　　　　　　　［키친］

16　庵（2001）は，「日本語では「やる／あげる」と「くれる」で区別する「与え手＝主語，受け手＝目的語」の場合を英語（などの多くの言語）では give（に相当する）1語で表す，言い換えると，give には視点制約がないのです。一方，receive が受ける制約は「もらう」の場合と共通です。多くの言語を調べた結果，日本語のように授受動詞が3語存在する言語は世界的に珍しいことがわかっています。(p.121)」と，日本語の授受動詞の特殊性について述べている。

66

（22）a 聞かせてやろうか。　　　　　　　　　　　　　　［サイ］
　　　b 내 얘기 해줄까?
　　　（私の話をしてやろうか。）　　　　　　　　　　　［무소］
つぎに，受動文の例を見てみよう。
（23）a 別に好かれてるんでもないしね。　　　　　　　［キッチン］
　　　b 딱히 날 좋아하는 것도 아니고.
　　　（別に私を好きなわけでもないし。）　　　　　　　　［키친］
（24）a あの美しい声で語られた詞を信ずるまでだ。　　　［一月］
　　　b 그 아름다운 음성으로 내게 건넸던 말을 믿을 뿐이다.
　　　（あの美しい声で私に語ったことばを信ずるまでだ。）　　［달］
（25）a お前の手で，七人の仲間が殺されたのだからな。　　［シュリ］
　　　b 내 동료 일곱명이 네 손에 죽었어.
　　　（俺の同僚七人がお前の手に死んだ。）　　　　　　　［쉬리］
　（23）aと（24）aの受動文をそのまま韓国語に訳すのは不可能である。よって，
（23）bと（24）bでは受動文の代わりに能動文が用いられている。（25）の場合は，
「죽임을 당하다 cwukimul tanghata（殺しをされる）」，「살해당하다 salhaytanghata
（殺害される）」のような形を用いて受動文のまま訳しても非文にはならないが，
やはり（25）bのような能動文にしたほうがより自然である。
　このように，韓国語での受動文は日本語に比べて非常に使用範囲が狭い。こ
れに関連する傾向として，金（2001）にはつぎのような指摘がある。

　JJ（日本語母語話者）における特徴としては，談話全体を通じて特定の人
物を反復的に主語の位置に据えることによって，話し手の視点対象を固定さ
せる傾向がKK（韓国語母語話者）よりも強く，結果として，その視点対象
が置かれている状況により「サレル型」や「ナル型」の表現が多く用いられ
る傾向が見られた。一方でKK（韓国語母語話者）においては，談話全体に
占める「スル型」動詞の割合がJJ（日本語母語話者）よりも高く，文の主語
に動作の主体を据える傾向が著しいため，表面的には主語の変動性が高まる
結果をもたらしていた。（p.67）

　また，田中（2001）は，短形受動文における動作主の省略と解釈に関連して
つぎのように述べている。

（日本語の受動文で）動作主句は表出されなくても文の適格性は損なわれない（中略）主語と目的語は省略されてもゼロ代名詞として機能して先行文脈に導入済みの名詞句と同一指示になる。（p.414）

つまり，視点対象の一貫性のために主語を固定する傾向が強い日本語は，動作主体中心で談話構成をする韓国語に比べ，受動文が多く用いられる。よって，動作主や主語，目的語などの省略が起こりやすく，これらの位置に来やすい人称詞は省略されやすい環境にあると考えられる。

以上の考察にもとづき，対訳資料の韓国語版だけに表れた人称詞の中から，授受表現と受動文が要因であると判断できる例を調べると，単数形人称詞589例のうち69例がこれに該当する文であった。これは，全体の11.7%を占めていることとなる。

3.2　名乗り表現における頻度差

日本語と韓国語の人称詞の頻度差に影響を与える要因として，名乗り表現について考察する。

まず，日本語母語話者（T）と韓国人日本語学習者（S）のロールプレイによる談話データを見てみよう。以下の3例とも韓国人日本語学習者（S）の日本語レベルは上級である。

(26) T：はい，伊藤屋です
　　 S：すいませんけど，さっき<u>わたし</u>がお菓子を買った人ですけど，このお菓子がちょっとおかしいですよ　　　　　　　［ＫＹ］
(27) T：はいはい，お名前は
　　 S：<u>私は</u>Ｓと申します　　　　　　　　　　　　　　　　　　［ＫＹ］
(28) S：ピンポンピンポーン
　　 T：はい，だれ
　　 S：あ，<u>あたし</u>，Ｓですよ　　　　　　　　　　　　　　　［ＫＹ］

このような名乗りの場面で，韓国人日本語学習者は文頭に自分を表す自称詞を用いる傾向が強い。対訳資料でもこのような傾向は明らかで，自分の身分を明かすような名乗り表現の中で，韓国語文では文頭に自称詞が明示されているが，日本語文では省略されているケースが多い。

68

(29) a 井原まさきと申します。　　　　　　　　　　　　　　　［一月］

　　　b 저는 이하라 마사키라 합니다.

　　　（わたくしは井原まさきと申します。）　　　　　　　　　［달］

(30) a あの人の友人です。　　　　　　　　　　　　　　　　　［シュリ］

　　　b 나, 저사람 친구요.

　　　（おれ，あの人の友人です。）　　　　　　　　　　　　　［쉬리］

(31) a 高局長だ。　　　　　　　　　　　　　　　　　　　　　［シュリ］

　　　b 나 고국장이오.

　　　（わたし，高局長だ。）　　　　　　　　　　　　　　　　［쉬리］

(32) a あの，パク監督ですが…。　　　　　　　　　　　　　　［サイ］

　　　b 저 박 감독입니다.

　　　（わたくし，パク監督です。）　　　　　　　　　　　　　［무소］

　名乗り表現は大きく分けて2通りがある。（29）と（30）のように，初対面の人に自分の名前や身分などを知らせる場合と，（31）と（32）のように，お互い知っている人に電話などで自分であることを示す場合である。後者の場合，韓国語では必ずといっていいほど自称詞を用いる。その要因に関連して，つぎの2点の推測を立てることができる。

　まず1つ目は，限られた場面での文形式のパターン化である。全体から見て日本語に比べて韓国語のほうで人称詞が多用されていることは明らかである。このような全体としての流れは各文形式に大きく影響を与える。とりわけ電話でのしゃべり出しというきわめて限られた場面では，文形式が非常にパターン化されやすいと考えられる。

　2つ目は，自称詞のフィラー（filler）的な用法である。韓国語では電話で自分の名前を名乗るとき，自称詞に助詞をつけずに，「わたし，××です」という形式を用いるのが普通である。ここでの自称詞は，日本語での電話対応でよく用いられる「あの」というフィラーと非常に似た機能を持つと考えられる。（32）の日本語訳で，韓国語の「저 ce（わたくし）」の代わりに「あの」というフィラーが使われていることからもこのような傾向が裏づけられる。

　これに関して対訳資料を分析した結果，韓国語版だけに表れた単数形自称代名詞379例のうち，16例が名乗り表現の例で，これは全体の4.2％になる。非常に限られた形式であることを考慮すると，これはかなり高い割合であると判断できる。

3.3　勧誘表現における頻度差

　日本語と韓国語の人称詞の頻度差に影響を与える要因として，勧誘表現について考察する。以下に，対訳資料の中での勧誘表現の例をあげる。

(33) a 統一祖国の空のもとでまた会おう。　　　　　　　　　　　　［シュリ］

　　 b 통일 조국의 하늘 아래 <u>우리</u> 다시 만나<u>자</u>.

　　　　（統一祖国の空の下で，<u>私たち</u>また会<u>おう</u>。）　　　　　　　［쉬리］

(34) a えーと，お茶，お茶飲みに行きましょう。　　　　　　　　［キッチン］

　　 b 음, <u>우리</u> 차 마시러 가<u>자</u>.

　　　　（えーと，<u>私たち</u>お茶飲みに行<u>こう</u>。）　　　　　　　　　　［키친］

(35) a さあ，出ましょう。　　　　　　　　　　　　　　　　　　［アボジ］

　　 b <u>우리</u> 나가<u>요</u>.

　　　　（<u>私たち</u>出ま<u>しょう</u>。）　　　　　　　　　　　　　　　　　［아버지］

(36) a それじゃ，横になって話しましょ。　　　　　　　　　　　［アボジ］

　　 b 그럼 <u>우리</u> 누워서 이야기<u>해요</u>.

　　　　（それじゃ，<u>私たち</u>横になって話しま<u>しょ</u>。）　　　　　　　［아버지］

(37) a 海でも見に行かない。　　　　　　　　　　　　　　　　　　［サイ］

　　 b <u>우리</u> 바다나 보러 <u>갈까</u>?

　　　　（<u>私たち</u>海でも見に行<u>こうか</u>。）　　　　　　　　　　　　　［무소］

　上記の例から見ると，韓国語文では，勧誘表現の中で「私たち～ましょう」「私たち～ようか」の形式が多く使われている。一方，日本語文では人称詞が使われていない。韓国語の勧誘表現で複数形自称詞「우리 wuli」が多く用いられる要因として，つぎの2点の推測を立てることができる。

　まず，勧誘語尾が他表現の語尾としても用いられることである。韓国語で勧誘を表す文末語尾としては，(33) b と (34) b の「～자 ca」，(35) b と (36) b の「～아 / 어요 a/eyo」，(37) b の「～ㄹ / 을까 l/ulkka」などがあげられる[17]。上記の例の中で，純粋に勧誘だけを表す文末語尾は「～자 ca」のみである。丁寧体の勧誘語尾である「～아 / 어요 a/eyo」は，勧誘文だけではなく，平叙文や疑問文，命令文にも対応している。また，「～ようか」の意味になる「～ㄹ / 을까

17　「～아 / 어요 a/eyo」の「아」と「어」，「～ㄹ / 을까 l/ulkka」の「ㄹ」と「을」は，前接する動詞の語形によって接続する活用形が異なることを示している。なお，ここには取りあげていない丁寧体の勧誘語尾として「～ㅂ / 읍시다 p/upsita」があるが，これについては第4章の3.3で詳しく考察する。

70

l/ulkka」は，推量文でも用いられる。つまり，述部だけを見てみると，(35) b
の「나가요 nakayo（出ましょう）」は「出ます」「出ますか」「出てください」とも解釈でき，(37) b の「보러 갈까 pole kalkka（見に行こうか）」は「見に行く
だろうか」とも解釈できるのである。

　これらは，文脈やイントネーションによって区別されるだけなので，文中に
複数形自称詞を明示することは，その文が勧誘表現であることを示す有効な目
印になる。同じ理由で，平叙文や疑問文，命令文などで自称詞と対称詞が頻繁
に用いられるのも当然であり，これが全体的な人称詞の多用にもつながってい
ると考えられる。

　もう１つの要因として，複数形自称詞が勧誘表現の中で呼びかけ的役割をし
ていることがあげられる。勧誘表現での複数形自称詞「우리 wuli」には助詞な
どが後接しにくいことから，ほかの文で使われる「우리 wuli」とは異なる働き
をすると考えられる。つまり，主語としての役割ではなく，呼びかけ的な役割
を果たしているということである。(35) a の日本語文で複数形自称詞の代わり
に「さあ」という呼びかけが用いられているのも，このような影響によると考
えられる。

　今回分析した対訳資料の中で韓国語版だけに表れた「우리 wuli」は，複数形
自称代名詞106例のうち103例であり，このうち22例が勧誘表現の例で，これ
は全体の21.4％になる。

3.4　連体修飾語としての人称詞の頻度差

　日本語と韓国語の人称詞の頻度差に影響を与える要因として，人称詞が連体
修飾語として用いられる文について考察する。これについては，2.3でも少し
触れているが，本節では中国語の類似形式との比較を含めてさらに詳しく述べ
ていく。(38) ～ (40) は，上級レベルの韓国人日本語学習者の談話データである。

　(38) あー私の，私のち，はい，あっ父，ですね〈はい〉私の父あー前から
　　　　会社員です，〈あーはーはー〉今は休んでいます，〈あーそう〉はい
　　　　　　　　　　　　　　　　　　　　　　　　　　　　　　　　　　[KY]

　(39) うん，〈うん〉北朝鮮の，〈ん〉17名の，〈ん〉あー，ひとつの家族が，〈ん〉
　　　　みんな中国に移して，中国の，〈ん〉何か知り合いの人に助けてもらっ
　　　　て，〈ん〉また，いっかげ，一ヶ月かけて，〈ん〉私の国，〈ふーん〉来
　　　　ました，　　　　　　　　　　　　　　　　　　　　　　　　　　[KY]

（40）私は家に帰ったら，両親とあまり話さないんですけれども，<u>私の弟</u>は
　　　両親，とはもちろん，友達とかいろんな人と，すぐ親しくなりますから，
　　　〈うん〉私の弟には事業が似合うということで　　　　　　　　［ＫＹ］

　これらの談話例のように，家族など自分が所属しているグループを話題にする発話で，韓国人日本語学習者は指示対象を修飾する自称詞を用いることが多い。これは母語干渉の一例であり，とりわけ（39）の「<u>私の国</u>」は明らかに韓国語からの影響であると考えられる。

　また，つぎの（41）のように，連体修飾語として用いられる自称詞には，日本語では単数形自称詞が用いられるのが普通であるが，韓国語では複数形自称詞「우리 wuli」が用いられるケースが多い。

（41）a <u>オレ</u>の大学に方言の専門家がいるから，そいつにきいてみて…。

　　　　　　　　　　　　　　　　　　　　　　　　　　　　　　［リング］

　　　b <u>우리</u> 대학에 방언전문가가 있으니까 그치한테 물어 보지.
　　　（<u>俺たちの</u>大学に方言の専門家がいるから，そいつに聞いてみる。）

　　　　　　　　　　　　　　　　　　　　　　　　　　　　　　　［링］

　（41）bの韓国語文では，発話の状況から見ると「우리 wuli（俺たち）」と指示される仲間は存在しない。しかし，韓国語ではこのような表現が多く使われており，たとえば，一人暮らしの人が自分の家のことを「<u>우리</u> 집 wuli cip（<u>私たちの家</u>）」といい，結婚している男性が自分の妻のことを「우리 집사람 wuli cipsalam（<u>私たちの家内</u>）」と表現するのは非常に一般的である。上記の談話例のように，韓国人日本語学習者の発話で連体修飾語としての自称詞が頻繁に使われるのも，このような韓国語での複数形自称詞の用法に影響されたものと考えられる。

　これらの韓国語の複数形自称詞「우리 wuli」の用法にもっとも多く対応している日本語訳は以下の（42）aのような「うち」である。

（42）a <u>うち</u>の親父は，がんこでしようがないのですよ。　　　［新美］
　　　b <u>우리</u> 아버지는 고집불통이라서 소용이 없답니다.
　　　（<u>私たちの</u>親父は，がんこでしようがないのです。）　　　［금빛］

　しかし，連体修飾語としての複数形自称詞「우리 wuli」は，日本語文の中で「うち」や単数形自称詞に訳されるだけでなく省略される場合も多い。（43）と（44）はそのような例である。

（43）a さあ，坊やも早くねんねしなさい。　　　　　　　　　　　［新美］

b 자, <u>우리</u> 아기도 어서 자야겠지요?

（さあ，<u>私たちの</u>赤ちゃんも早く寝なきゃ。）　　　　　［금빛］

(44) a お父さんが帰る前にもとのところに戻しとかなきゃならないんだ。

［英雄］

b <u>우리</u> 아버지 돌아 오시기 전에 제자리에 갖다 놔야 돼.

（<u>私たちの</u>お父さんが帰られる前にもとのところに戻しとかなきゃな

らないんだ。）　　　　　　　　　　　　　　　　　　　　［영웅］

　このように，韓国語での連体修飾語としての複数形自称詞が日本語訳の過程で省略される要因について，語彙の形式的な側面と心理的な側面から推測することができる。

　まず，語彙の形式的な側面について考える。韓国語は日本語と違って，家族を指す語彙を「内」か「外」かによって区別しない。つまり，日本語では呼称でない限り，「お父さん」といえば他人の父親を，「父」といえば自分の父親を指す場合が多いが，韓国語でこのような区別はない。よって，韓国語では，家族を指す語彙に複数形自称詞「우리 wuli」を連体修飾語としてつけ加えることで，「内」と「外」を区別する機能を果たしている。(38) と (40) の韓国人日本語学習者の発話で，「私の父」「私の弟」という表現が見られるのもこのような母語の影響だと考えられる。

　つぎに，語彙の心理的な側面について考えると，韓国社会の根強い「우리wuli（われわれ）思考」を取りあげることができる。(39) に韓国人日本語学習者の「私の国」という表現が見られるが，韓国人の言語生活の中では「우리나라 wulinala（<u>我が国</u>）」という表現をはじめ「われわれ」を強調した表現が目立つ。後述する第 4 章での意識調査の結果でも，韓国人被験者の「우리 wuli（われわれ）思考」の傾向は著しく現れている。

　以上，韓国語で連体修飾語として複数形自称詞が多く用いられる要因について述べた。これに関連して，韓国語の複数形自称詞「우리 wuli」が持つもう 1 つの特徴の，抱合的視点の用法について考察する。

　その前に，日本語での抱合的視点の用法について述べておく。日本語では自称詞「ぼく」が，つぎの (45) のように，子どもを相手にして対称詞として使われる場合がある。

(45) <u>ぼく</u>，早くいらっしゃい。　　　　　　　　　（鈴木，1973 より引用）

　このような自称詞「ぼく」の対称詞としての使用は，聞き手との心理的な距

離を縮め，話し手と聞き手の間に親和力を持たせるためであるといわれている [18]。これと同じく，英語や中国語では複数形自称詞を対称詞として用いて親密さを示す用法がある。

　（46）Well, and how are <u>we</u> today?　　　　　　　（金，1989 より引用）

　（47）<u>zanmen</u> bu ku.（僕たち泣かない＝ないちゃだめ。）（田窪，1997 より引用）

　これらは主に医者や教師などが子どもに対してよく使う表現で，（46）のように使われる英語の複数形自称詞を“paternal we（保護者的な we）”という。意図的に複数形自称詞を取り入れることで話し手の範囲を聞き手にまで拡張し，話し手から聞き手への視点の切り替えを避ける。こうして自分と相手との対立的視点を解消し，共感度の高い抱合的視点を取ることによって，日本語の「ぼく」と同じく話し手と聞き手の心理的距離の短縮を図っているのである [19]。

　それでは，韓国語の場合はどうだろうか。つぎの例を見てみよう。

　（48）a　ハン先生には何を？　　　　　　　　　　　　　　［アボジ］

　　　　b　<u>우리</u> 한선생님은요？

　　　　　（<u>私たちの</u>ハン先生は？）　　　　　　　　　　　［아버지］

　これは，居酒屋の主人が顔見知りの客であるハンさんに「おつまみは何がいいか」を聞く場面での発話である。韓国語文の（48）b では，聞き手を指す人称詞に複数形自称詞「우리 wuli」が前接しているが，これには聞き手との心理的距離を縮めようとする話し手の意図が現れている。（48）b を直訳すると括弧の中のようになるが，日本語版では（48）a のように訳されている。

　たとえば，年輩の人がバスなどで隣同士になった若い女性に向かって，

　（49）<u>우리</u> 아가씨는 어디까지 가시나？（<u>私たちの</u>お嬢さんはどちらまで？）

　　　　　　　　　　　　　　　　　　　　　　　　　　　　［作例］

というふうに声をかけるのも，現実として珍しくない光景である。このような「우리 wuli」の用法は，日本語や英語と同じく主に子ども，または若者を相手にした場面でよく用いられる。

　しかし，厳密にいえば，英語の“paternal we”と韓国語の「우리 wuli」は異なる形式である。（48）b と（49）での「우리 wuli」は，「私たちの」または「わ

18　鈴木（1973）は，このような用法を自己中心語の他者中心的用法（allocentric use）と呼び，大人が子どもと心理的に同調し，子どもの立場に自分の立場を同一化している，共感的同一化（empathetic identification）の現れだと述べている。

19　「対立的視点」と「抱合的視点」という用語は，田窪（1997）にもとづいている。

74

が」という意味の連体修飾語として用いられているものなので，これには必ず
聞き手を表す定記述や固有名詞などの人称詞が後接しなければならない。つま
り，ここでの「우리 wuli」は，英語の"we"ではなくいわば"our"に当たるた
め，日本語や英語，中国語のような聞き手との完全な同一化は起きていないの
である。しかしながら，家族でも友達でもない，ある程度の距離を持つ聞き手
のことをより親しみを込めて言いたいときに，韓国語の「우리 wuli」は非常に
有効に使われており，これは日本語の「ぼく」と英語の"paternal we"，中国語
の"zanmen"に相通じる用法だと考えられる。

　以上，連体修飾語として用いられる韓国語の複数形自称詞について，日本語
の「うち」との比較と，抱合的視点の用法の「ぼく」との比較の2つの視点か
ら考察した。

　対訳資料を分析した結果，韓国語版だけに表れた複数形自称代名詞106例の
うち,46例が連体修飾語として用いられたもので,「うちの」に訳せるものであっ
た。これは全体の43.4%になる[20]。

　連体修飾語としての複数形自称詞と，3.3での勧誘表現での複数形自称詞を
合わせると，韓国語版だけに表れた複数形自称代名詞における頻度差の約65%
を占めることとなり，この2点の要因が両言語の人称詞の頻度差に大きく影響
していることがわかる。

3.5　再帰代名詞「自分」と「자기 caki」の頻度差[21]

　日本語と韓国語の人称詞の頻度差に影響を与える要因として,再帰代名詞「自
分」と「자기 caki」について考察する。まず，前記した2.1での表5の中から，
日本語の「自分」と韓国語の「자기 caki」の出現頻度だけをより詳細に示すと

20　連体修飾語として用いられる人称詞には，複数形自称詞「우리 wuli」「저희 cehuy」の
　ほかに，単数形自称詞や対称詞なども使われる。本書では別に項目を設けていないが，日
　本語では省略されている箇所に，単数形自称詞や対称詞などを用いて自分の家族や所属す
　るグループを表している例も多い。今回の対訳資料では，連体修飾語として用いられた単
　数形自称詞と対称詞，また複数形対称詞が合わせて23例見られた。これは該当の人称詞
　の総出現頻度からすると4.1%を占めることになる。
21　韓国語の「자기 caki」は，「自己」という漢字からできている。松本(1958)は，中国
　語の自称について述べている中で，「「自」と「己」は，古文では用法が違い，前者は付属
　語で「みずから」という意味の副詞に使われ，「己」は自立語で「自分自身」という自称
　代名詞である。口語では，付属語の「自」と「己」とがいっしょになって，自己という自
　称になった。(p.8)」と，「自」と「己」の違いについて触れている。

表10のようになる。

表10 両言語版での「自分」と「자기caki」の総出現頻度の比較

韓国語版 / 日本語版	자기 caki	自称 代名詞	対称 代名詞	省略	自身 casin	その他	定記述	合計
自分	8	61	15	20	19	6	2	131
省略	2							
合計	10							

　日本語版での「自分」の出現頻度は131例，韓国語版での「자기caki」の出現頻度は10例で，その差は顕著である。ここで特に注目したい点が，日本語の「自分」に対応する韓国語の形式として，「자기caki」ではなく人称代名詞がもっとも多く使われていることである。

　以下に，対訳資料からいくつかの用例をあげる。

　（50）a シーツとかぱりっと白くて，<u>自分</u>の家なのに旅行に行ってるようでね。　　　　　　　　　　　　　　　　　　　　　　　　　　　　［キッチン］

　　　　b 시트는 새하얗고 빳빳하고 <u>자기</u> 집인데도 어디 여행이라도 온 느낌이었지.　　　　　　　　　　　　　　　　　　　　　　　　［키친］

　（51）a <u>自分</u>の子に手紙書くなんてすごく妙な気分よ。　　　　［キッチン］

　　　　b <u>자기</u> 자식한테 편지를 쓰자니 좀 이상한 기분이다.　　　［키친］

　（50）と（51）での「自分」は「本人（当事者）」という意味で使われているが，結果的に話し手を指しており，韓国語版でも「자기caki」に訳されている。しかし，つぎの例を見ると上記の例とは異なる側面が見えてくる。

　（52）a <u>自分</u>でもわからない　　　　　　　　　　　　　　　［キッチン］

　　　　b <u>나</u>도 잘 모르겠군.

　　　　（<u>私</u>もよくわからない。）　　　　　　　　　　　　　　　［키친］

　（53）a <u>自分</u>の部屋で何度もじっくり見て研究したいんでな。　　［リング］

　　　　b <u>내</u> 방에서 몇번이고 찬찬히 보면서 연구하고 싶어서 말야.

　　　　（<u>私</u>の部屋で何度もじっくり見て研究したいんでな。）　　［링］

　（52）bと（53）bでは日本語の「自分」を自称詞「나na」で対応しているが，これを「자기caki」に置き換えるのは不適切である。話し手を指しているという点では（50）（51）と変わらないが，ここでの「자기caki」の使用は認められない。このような「自分」と「자기caki」のずれによって，表10のような結果

76

が生じると考えられる。表10で，人称詞の中でも自称詞への対応が非常に多いことから，話し手を指す「自分」に対する「자기caki」の対応の困難さが理解できる。

このずれに関連しては，廣瀬・加賀（1997）が有効である。この論考では，言語主体の話し手の側面として「公的自己」と「私的自己」をあげている。「公的自己」とは聞き手と対峙する伝達の主体としての側面であり，「私的自己」とは聞き手を必要としない思考の主体としての側面である。英語の「I」は「公的自己」を表しており，日本語の「自分」は「私的自己」を表しているといえる。

たとえば，難しい数学の問題を解くことができて，自分自身のことを天才だと思いたくなったとき，心の中で自分自身のことを，以下の（54）aのように意識することができる。

（54）a 自分は天才だ。　　　　　　　　　　　（廣瀬・加賀，1997より引用）

　　　 b ＊자기는 천재야.

ここでの「自分」は「私的自己」を表す例である。しかし，（54）aを韓国語に訳した（54）bは不適切な文である。もし，韓国語で（54）aのような表現をするなら，「私的自己」の「自分」に当たる「자기caki」の代わりに，「公的自己」の自称詞「나na」を用いて（55）のようにしなければならない。

（55）나는 천재야.

　　　（私は天才だ。）

廣瀬（1996）によると，「私的自己」を表す「自分」は，さらに3つの用法に分けることができる。それは，「話者指示詞的用法」と「視点的用法」，「再帰的用法」である。これらの用法について簡単に触れておく。まず，「話者指示詞的用法」とは，「太郎は，自分は気が弱いと言っている」のように，引用節内に表れる「自分」である。また，「視点的用法」とは，「太郎は自分の生まれた町を訪れた」のように，状況を観察する話し手が見る，主体から客体化された「自分」であり，「再帰的用法」とは，「太郎は自分を責めた」のように，状況の主体が見る，主体から客体化された「自分」ということである。この中で，日本語の「自分」と韓国語の「자기caki」との間にずれが生じやすいのは「再帰的用法」であると考えられる。上記の例（54）のように，話し手がそのまま状況の主体でもある場合，韓国語の「자기caki」は使いにくくなるのである。

しかしながら，一般に，韓国語の「자기caki」も日本語の「自分」のように「私的自己」を表すことができる。よって，上記の（50）と（51）のように，結果

的には「自分」が話し手を指していても「話し手」と「自分」の分離がより明確で話し手が観察者の立場に立てるとすれば，韓国語の「자기 caki」の使用は認められる。一方で，上記の例（52）と（53）は「話し手」と「自分」がまったく距離を持たない。このように，「自分」が状況の主体である話し手を直結に示している発話で，韓国語の「자기 caki」の使用は認められない。

　以上のように，「자기 caki」の使用における適切・不適切は，話し手と状況の主体との分離の程度によって左右されると考えられる。すなわち，話し手と「자기 caki」の分離が明確であればあるほど「자기 caki」の適切度は高くなり，話し手と「자기 caki」の分離が不明確であればあるほど「자기 caki」の適切度は低くなるのである。一方で，日本語の「自分」は「자기 caki」に比べて話し手と状況の主体との分離の程度に影響されにくく，より広い範囲で用いられているといえよう。

　ちなみに，金（1989）は日本語の「自分」と韓国語の「자기 caki」，中国語の「儂」についてつぎのように述べている。

　　"儂"は元来は一人称代名詞というよりは，「ひと」もしくは「その人自身」という意味であって，それが一人称にも二人称にも用いられたとする方が自然であろう。それはまた，日本語のオノレ，大阪弁の「自分」や韓国語の"自己"（cagi）とも軌を一にするのである[22]。（p.53）

　このように，日本語の「自分」と韓国語の「자기 caki」は，一見同じように見えるが，運用の条件と範囲において多くの違いを持っているのである。

3.6　その他の関連要素における頻度差

　以上，日本語と韓国語の人称詞の頻度差に強く影響していると考えられる要因について，5つの項目に分けて考察してきた。ここでは，前述した要因ほどの影響は認められないとしても，何らかの形で両言語の人称詞の頻度差に作用

---

[22]　日本語の中で「自分」が対称詞として用いられるのは，関西方言に限られるといわれる。このような関西方言の中での「自分」の対称詞的用法は，韓国語にも存在する。金（1989）でもそれに関する言及があり，「現代韓国語では，夫婦や恋人などきわめて親密な間柄に限ってのことであるが，"自己"（cagi）を二人称として用いることがある。（p.53）」と述べられている。ちなみに，引用文の中の「cagi」は，本書での「자기 caki」を指す。

していると思われる要素について，３つの視点から考察する。

　１つ目に，「好きだ」と「嫌いだ」を取りあげ，これらの表現と両言語の人称詞との関係について考察する。対訳資料からいくつかの例をあげる。

　(56)　a　そういうのが好きなんだね。　　　　　　　　　　　　　　　　［蛍］

　　　　b　넌 그런 걸 좋아하는구나．

　　　　　（君はそういうのを好むんだね。）　　　　　　　　　　　　［개똥벌레］

　(57)　a　嫌いなものばっかり出ちゃったのよ。　　　　　　　　　　　［キッチン］

　　　　b　내가 싫어하는 것만 골라서 나왔어．

　　　　　（私が嫌うものばかり選んで出たのよ。）　　　　　　　　　　［키친］

　(56)aは「好きだ」，(57)aは「嫌いだ」の例で，主語が省略されている。しかし，述語の性格上，この文での主語は明示しなくても特定しやすい[23]。それでは，韓国語文の(56)bと(57)bの述語は日本語文のそれとどう異なるか見てみよう。

　単純に日本語と韓国語を辞書的に並べると，「好きだ」は「좋다 cohta」と，「嫌いだ」は「싫다 silhta」と対応する。しかし，「좋다 cohta」という形式は「良い」という意味をも表している。そのため，実際，韓国語で「好きだ」の意味として多用されるのは，形容詞の「좋다 cohta」に「する」という意味の「～하다 hata」をつけて動詞化した「좋아하다 cohahata」という形式である。「嫌いだ」の場合も「싫다 silhta」より「～하다 hata」をつけて動詞化した「싫어하다 silhehata」が多用される。

　日本語では，感情を表す形容詞に「～がる」をつけて動詞化して人称制限から脱することができる。これと同じく，韓国語では「～하다 hata」をつけて動詞化して人称制限から脱することができる[24]。すなわち，語用的に日本語の「好きだ」に対応する韓国語の「좋아하다 cohahata」，「嫌いだ」に対応する「싫어하다 silhehata」は，形式的には人称制限を受けない動詞類として分類される。したがって，このような述語が用いられている韓国語文では日本語の同じ文に

23　これに関連して，池上（2000）は，「感情，欲求，意向などは，典型的に心理的な身体内的な過程であり，直接経験できるのは当事者，つまり，話している本人自身だけであり，その意味で〈主観的把握〉がもっとも自然に起こる状況である。日本語はそれが自然な形で言語化され，話し手は〈不在の存在〉として〈ゼロ〉化された言語化を受ける。しかし，明示化するとなると，一人称でしかあり得ないわけである。(p.278)」と述べている。

24　これに関しては，大阪外国語大学朝鮮語研究室（編）による『朝鮮語大辞典』(1986)につぎのように明記されている。「一 hata 接尾 ④（感情を表す形容詞の連用形に付いて動詞化する）…がる：coha ～ 好きだ，好む；silhe ～ いやがる，嫌う；sulphe ～ 悲しがる，悲しむ (p.2495)」

比べて主語を特定しにくいため，できるだけ主語を文表面に明示しようとする
傾向が強いと考えられる。

　2つ目に，「～てくる」「～ていく」を取りあげ，これらの表現と両言語の人
称詞の関係について考察する。対訳資料からの例を見てみよう。

（58）a　わざわざ電話をかけてくるなんて，どうしたんだ。　　　　　［シュリ］

　　　b　웬일로 <u>나한테</u> 전화를 다 <u>했어</u>？

　　　（どういうことで<u>俺</u>に電話を<u>した</u>？）　　　　　　　　　　　［쉬리］

（59）a　それで，出版社に呼ばれていったら，編集長のやつが原稿を<u>返して</u>

　　　　<u>きて</u>，何て言ったと思う。　　　　　　　　　　　　　　　　　［サイ］

　　　b　그 편집장이 <u>내게</u> 시들을 <u>돌려 주면서</u> 뭐라고 했는지 아세요？[25]

　　　（あの編集長が<u>私に</u>詩を<u>返しながら</u>何と言ったかわかりますか？）[26]

　　　　　　　　　　　　　　　　　　　　　　　　　　　　　　　　［무소］

　（58）aと（59）aのように「～てくる」が用いられる文は，内容によって韓
国語に直訳するのが困難な場合がある。一方で，日本語でこのような形式は方
向性を示すのに有効に用いられており，これらも人称詞の省略を促す1つの要
因になっていると考えられる。これに関連して，以下に庵（2001）を引用する。

　　17　a.　僕は花子に電話をかけた。

　　　　b.　* 花子は僕に電話をかけた。　　（cf. Hanako called me.）

　　　　c.　花子は僕に電話をかけてきた。

　　18　a.　僕は花子に本を送った。

　　　　b.　* 花子は僕に本を送った。　　（cf. Hanako sent me a book.）

　　　　c.　花子は僕に本を送ってきた。

　17a 18a が文法的であるのに対し，17b 18b は非文法的で，これらに対応す
る内容を表現するには 17c 18c のように話し手への接近を表す「てくる」をつ

25　方向を表す「（俺・私）に」の韓国語が，（58）b では「한테 hanthey」，（59）b では「게
　key」でお互いに異なる形式が用いられているが，意味は同じである。なお，この形式の
　違いによって，「俺・私」の形式も「나 na」と「내 nay」のように異なる形が前接している。
26　韓国語文の「돌려 주다 tollye cwuta（返す）」は，厳密にいえば「돌리다 tollita（戻す，廻す）」
　と「～아／어 주다 a/e cwuta（～てやる／くれる）」が合体して作られた複合語であるが，
　語用的には日本語での「返す」の意味と同じく使われる。さらに，前述したように，韓国
　語での授受表現「～아／어 주다 a/e cwuta」は「～てやる」と「～てくれる」の区別がな
　く方向性を表せないため，「～てくる」と違って動作主の推論が困難である。

けなければなりません。これはこれらの動詞が(「やる」「もらう」と同じく)「主語寄り」の視点しかとれないという視点制約を持つためです。この場合 17b 18b に対応する英語の表現は文法的であることに注意して下さい。(p.117)

　上記の庵(2001)で提示した例に韓国語の表現を対応してみると,英語と同様,17b 18b の韓国語の表現は文法的である。つまり,韓国語で「(電話を)かける」「送る」という動詞は,「主語寄り」という視点制約を持たない。よって,日本語のように「〜てくる」という形式を用いて方向を表す必要はないのである。その代わり,韓国語では文表面に動作にかかわる人物を明示することで,方向性を明確にしようとする傾向が見られる。その結果,日本語と韓国語の人称詞の頻度差に影響する1つの要因になっていると考えられる。「〜ていく」にも同じようなことがいえる。

　3つ目に,つぎの(60)aと(61)aのように謙譲語が用いられた表現も,両言語の人称詞の頻度差にかかわる要因であると考えられる。

(60) a 今,おたくのわりと近くにいるんだけれど,これから二人で遊びにうかがっていいかしら。　　　　　　　　　　　　　　　　　　　　[蛍]

　　 b 지금 선생님 댁에서 가까운 곳에 있는데, 우리 놀러가도 돼요?

　　　 (今,先生のお宅から近いところにいるんだけど,私たち,遊びに行ってもいいですか。)　　　　　　　　　　　　　　　　　　　　[개똥벌레]

(61) a 小説も面白く拝見しました。　　　　　　　　　　　　　　　　[サイ]

　　 b 내가 소설책도 재미있게 읽었지.

　　　 (私が,小説も面白く読んだ。)　　　　　　　　　　　　　　　　[무소]

　もちろん,韓国語に謙譲語が存在しないわけではないが,日本語に比べるとその使用は非常に少ない。よって,(60)aと(61)aを韓国語に訳すにあたって,謙譲語のニュアンスをそのまま生かすのは非常に難しい。このように,日本語では謙譲語が幅広く的確に使われるため,文の表面に動作主を指す自称詞の明示が不要になるのに対し,韓国語では謙譲語の使用が日本語ほど多様でないため,自称詞を明示することで文の意味を明確にする必要があると考えられる。

4．まとめ

　本章では,文学資料の分析を通して,日本語と韓国語の人称詞の頻度差について考察した。その結果,日本語より韓国語で人称詞が多用されるということ

が明らかになった。韓国人日本語学習者の人称詞の過剰使用には，このような両言語での人称詞の頻度差が大きく影響していると考えられる。頻度差に影響を与える要因として，以下の6点を提案することができた。

（1）授受表現と受動文は日本語でより頻繁に使われており，これらが指示対象への推論を容易にすることによって，日本語文での人称詞の省略を促す役割を果たしている。

（2）韓国語の名乗り表現では自称詞多用の傾向が見られ，それに影響を与える要因として，文形式のパターン化と自称詞のフィラー的な用法が考えられる。

（3）韓国語の勧誘表現では複数形自称詞「우리 wuli」が多く用いられ，それに影響を与える要因として，勧誘語尾の他表現語尾への対応と複数形自称詞の呼びかけ的役割が考えられる。

（4）韓国語文では複数形自称詞「우리 wuli」が連体修飾語としてよく使われているが，日本語文では省略されやすい。これは，語彙によって「内」と「外」が区別できる日本語の特徴によるものと考えられる。また，連体修飾語としての「우리 wuli」は，日本語の「ぼく」と同じく聞き手との間に「抱合的視点」を取る場合がある。

（5）日本語の「自分」は韓国語の「자기 caki」に比べて広い範囲で使われる。とりわけ，「自分／자기 caki」が自称を表す場合にその使用範囲の差は大きい。

（6）「好きだ」「嫌いだ」が使われた表現，「〜てくる」「〜ていく」が使われた表現，謙譲語が用いられた表現の中で，日本語では人称詞が省略されやすい。これは，指示対象への推論の容易さによるものと考えられる。

　以上，文学資料の分析を通して，日本語と韓国語の人称詞の頻度差にかかわる6つの要因を示した。この調査結果がそのまま両者間の因果関係を証明したことにはならないが，少なくとも客観的な資料をもとにして両者間の相関関係を明示した意義は十分あると考える。また，ここで示した6点の要因はそれぞれ分離しているのではなく，お互いに影響しあいながら両言語の人称詞全般に頻度差をもたらしていると考えるのが妥当であろう。

第4章
意識調査による日本語と韓国語の
人称詞の対照 [1]

1．調査の概要
1．1　調査の目的

　第3章での文学資料の分析結果により，日本語に比べて韓国語で人称詞の使用頻度が高いことが明らかになった。さらに，この結果にもとづいて日本語と韓国語の人称詞に頻度差をもたらすと考えられる要因についても考察を行った。しかし，これは文学作品という限られた範囲での結果であった。したがって，本章では，実際の言語生活に密着した意識調査を通して詳細な考察を行うことで，第3章での分析結果を別の角度から検証し信頼性を高めることを目的として考察を行う。なお，文学資料による分析では頻度差とその要因のみに焦点を当てて考察を行ったが，意識調査では考察の範囲をさらに拡大して，以下の3つの観点から進めていく。

　まず1つ目に，「文要素による人称詞使用」である。すでに第3章で述べた頻度差をもたらすと考えられる要因について，意識調査を通して使用実態として検証していく。これにより，文学資料による分析結果が，実際の言語生活にどの程度符合しているかを明らかにしていく。

　2つ目に，「聞き手による人称詞使用」である。西欧言語と違って，日本語と韓国語では人称詞の使用において聞き手との関係にあわせた使い分けが要求される。そのため，両言語ともに人称代名詞だけではなく固有名詞や定記述など，多様な形式の人称詞が使われているのである。これは，日本語と韓国語の人称詞の共通点としてよく取りあげられることであるが，両言語での実際の言語生活の中でこれらの傾向がまったく同様の様相として現れているとは限らない。本章では，日本語母語話者と韓国語母語話者に対する意識調査を通して，聞き手による人称詞使用の現状を具体的に考察することで，両者の相違を明らかにしていく。

1　本章の内容は，鄭（2002b）をもとにしている。

　3つ目に、「場面による人称詞使用」である。第3章の1.1で、日本語と韓国語の人称詞の種類と各人称詞が持つ待遇度について若干触れたが、先行研究の中でこれらについての共時的な対照が行われた論考は少ない。なお、複数形自称詞の包合的視点など、第3章で明らかになった両言語での人称詞の用法の違いについても、具体的な考察は行われていない。そこで、本章では、場面による人称詞使用に対する容認度という観点から意識調査を行い、待遇度と用法にかかわる日本語と韓国語の人称詞の違いを明らかにしていく。

1.2　調査の方法

　本調査は、2001年10月から11月にかけての同時期に日本と韓国で行った。調査対象は中学生以上の男女で、日本では日本語母語話者のみを対象とし、韓国では韓国語母語話者のみを対象とした。調査地域は、日本では東京を中心とした関東と大阪を中心とした関西の両地域、韓国ではソウルと江原道の両地域である。さらに韓国では、日本に1年以上の長期滞在の経験がないことと、日本語を学習した場合その学習歴が2年以下であることを調査対象の選定条件としてつけ加えた。これは、日本に長期滞在した経験がある人や日本語能力の高い人の場合、日本語が逆に母語である韓国語に影響を与える可能性があると判断したからである[2]。

　被験者について、国別、性別、世代別に分けてみると表1のとおりである。第2章での意識調査と同じく、世代は、年齢29才以下を若年層、30～49才までを中年層、50才以上を高年層として分類し、分析はすべて属性別の百分率の結果をもとにして行った。

表1　国別・性別・世代別による被験者の人

国別	性別	世代別			合計
		若年層	中年層	高年層	
日本	男性	137	68	36	566
	女性	211	72	42	
韓国	男性	61	61	11	413
	女性	173	98	9	
合計		582	299	98	979

2　日本語母語話者の場合は、このような条件をつけ加えなかった。その理由としては、日本語母語話者が韓国語に接する機会が、韓国語母語話者が日本語に接する機会に比べてはるかに少ないということ、筆者の日本での韓国語教育の経験により、若干の学習経験や生活経験があっても、母語に影響を与えるほどの段階にはいたらないと判断したことがある。

　前述したように，本調査で考察する内容は3つの項目に分けられる。文要素による人称詞の使用，聞き手による人称詞の使用，場面による人称詞の使用である。これらの項目にあわせて，今回の調査には3つの設問形式を取り入れた。

　まず，文要素による人称詞使用に関する設問である。ここで考察する文要素は，第3章で日本語と韓国語の人称詞に頻度差をもたらす要因として取りあげた，「授受表現」「名乗り表現」「勧誘表現」「連体修飾語として自称詞が用いられた表現」「再帰代名詞が用いられた表現」の5項目である。

　前者の4項目については，特定の場面での特定の発話を例示した。例示した発話は，人称詞が使われているか否かなどの条件によっていくつかに分かれており，この中から，被験者が普段どちらを使っているのかを選択してもらった。両言語版は基本的に同じ内容で構成されている。さらに，韓国語版では「連体修飾語として自称詞が用いられた表現」についての設問項目をもう1つ加えた。これは，特定の場面での特定の発話に対して被験者がどの程度の違和感を持つのか，4段階の容認度レベルから1つを選択してもらう形式である。

　5項目めの「再帰代名詞が用いられた表現」では，日本語の「自分」と韓国語の「자기 caki」が用いられた同じ場面での同じ発話を提示した。これらの再帰代名詞が両言語表現の中で自然に感じられるかどうかを被験者に質問した。

　つぎに，聞き手による人称詞使用に関する設問では，自称詞が用いられると思われる場面と，対称詞が用いられると思われる場面の2つの発話場面を提示した。さらに，各場面には親密度と年齢を基準とした6パターンの聞き手を想定し，それぞれの聞き手に対して被験者がどのような人称詞を使っているのかを質問した。

　最後に，場面による人称詞使用に関する設問である。ここで考察する具体的な項目は，両言語での「自称詞の待遇度」と，韓国語での「複数形自称詞の抱合的視点の用法」である。調査は，特定の場面での特定の発話に対し，被験者がどの程度違和感を持つのかを4段階の容認度レベルから選択してもらう形式で行った。実際に配布した調査票の両言語版を，本書の末尾に付録1（日本語版）と付録2（韓国語版）として掲載している。

２．文要素による日本語と韓国語の人称詞使用

２.１　授受表現での人称詞使用

　日本語と韓国語の人称詞に頻度差をもたらす要因の1つとして授受表現を取

りあげ，授受表現と人称詞使用の関係について意識調査を通して検証していく。

　調査票の中で，日本語版の［場面5］と［場面7］，韓国語版の［장면（場面）4］と［장면（場面）7］が授受表現に関する設問項目である[3]。以下に具体的な質問文と選択肢を示す。実際の質問文の前には，自分が普段使っていると思われる番号を必ず1つだけ選ぶようにと，それぞれの言語で指示文を記した。なお，以下の韓国語版は原則一緒に示した日本語版とまったく同じ内容であるが，そうでない場合は個別に括弧の中に日本語訳をつけている。

【日本語版】

　［場面5］あなたの留守中に友人の鈴木さんから電話があったというメモがありました。鈴木さんに電話をかけて確認をするとき，あなたはどのような言い方をしますか。

　　　1．わたしに電話した？（わたしの他にあたし，ぼく，おれなどを使っても結構です）

　　　2．電話した？

　　　3．わたしに電話くれた？（わたしの他にあたし，ぼく，おれなどを使っても結構です）

　　　4．電話くれた？

　［場面7］一人暮らしをしている友人の鈴木さんから，先週引っ越しをしたという話を聞きました。そのとき，手伝いに行けなかったことを残念に思ったあなたはどのような言い方をしますか。

　　　1．どうしてわたし呼ばなかったの？（わたしの他にあたし，ぼく，おれなどを使っても結構です）

　　　2．どうして呼ばなかったの？

　　　3．どうしてわたし呼んでくれなかったの？（わたしの他にあたし，ぼく，おれなどを使っても結構です）

　　　4．どうして呼んでくれなかったの？

【韓国語版】

　［장면4］당신이 귀가해 보니 친구로부터 전화가 왔다는 메모가 있었습니다.

3　以降，調査票における「장면」の日本語訳「場面」は省略する。

그 친구에게 전화를 걸어 확인을 할 때 당신은 어떻게 말합니까?

　　1. 나한테 전화했어?

　　2. 전화했어?

　　3. 나한테 전화 줬어?

　　4. 전화 줬어?

[장면7] 혼자 사는 친구로부터 지난 주에 이사를 했다는 이야기를 들었습니다. 당신은 이사하는 것을 도와주지 못해서 유감스러웠습니다. 그 때 당신은 어떻게 말합니까?

　　1. 왜 나 안 불렀어?

　　2. 왜 안 불렀어?

　　3. 왜 나 안 불러 줬어?

　　4. 왜 안 불러 줬어?

以下に示した表2と表3がこの項目についての分析結果である。まず，表2は「（わたしに）電話した？／くれた？」という発話を仮定し，「名詞＋くれる」形式の授受表現と人称詞の関係を調べた結果である。（1）は「人称詞を明示する非授受表現の文」，（2）は「人称詞を明示しない非授受表現の文」，（3）は「人称詞を明示する授受表現の文」，（4）は「人称詞を明示しない授受表現の文」である。

表2 日本語と韓国語の授受表現（電話場面）での人称詞使用

被験者の属性			（1）人称詞のみ使用		（2）両方とも不使用		（3）両方とも使用		（4）授受表現のみ使用	
			％	人数	％	人数	％	人数	％	人数
日本	男性	若年層	13.1	18	40.1	55	12.4	17	34.3	47
		中年層	11.8	8	8.8	6	30.9	21	48.5	33
		高年層	19.4	7	8.3	3	36.1	13	36.1	13
	女性	若年層	9.0	19	19.0	40	20.9	44	51.2	108
		中年層	6.9	5	4.2	3	34.7	25	54.2	39
		高年層	2.4	1	4.8	2	61.9	26	31.0	13
日本の全体の平均			10.4%		14.2%		32.8%		42.6%	
韓国	男性	若年層	60.7	37	36.1	22	1.6	1	1.6	1
		中年層	42.6	26	55.7	34	1.6	1	0.0	0
		高年層	63.6	7	36.4	4	0.0	0	0.0	0
	女性	若年層	65.3	113	33.5	58	0.6	1	0.6	1
		中年層	62.2	61	36.7	36	1.0	1	0.0	0
		高年層	66.7	6	33.3	3	0.0	0	0.0	0
韓国の全体の平均			60.2%		38.6%		0.8%		0.4%	

　両言語での全体の平均を見ると，（1）から順に日本語母語話者のほうの数値は徐々に高くなっているのに対し，韓国語母語話者の数値は徐々に低くなっており，まったく正反対の結果になっていることがわかる。よって，日本語母語話者がもっとも多く選んだ回答は（4）の「人称詞を明示しない授受表現の文」，韓国語母語話者がもっとも多く選んだ回答は（1）の「人称詞を明示する非授受表現の文」である。

　以上の結果から，韓国語母語話者より日本語母語話者が授受表現を好むという傾向と，日本語母語話者より韓国語母語話者が人称詞の明示を好むという2つの傾向が，人称詞の使用実態として検証された。また，韓国語母語話者の場合，回答が（1）と（2）に偏っており，これらを合わせると全回答の約99％である。つまり，韓国語母語話者においては，「人称詞を明示する」という条件より，「授受表現を用いない」という条件のほうが，文要素の選択条件として優先していることが明らかになった。

　つぎに，表3は「どうして（わたし）呼ばなかった？／呼んでくれなかった？」という発話を仮定し，「動詞＋てくれる」形式の授受表現と人称詞の関係を調べた結果である。

表3　日本語と韓国語の授受表現（引っ越し場面）での人称詞使用

被験者の属性			（1）人称詞のみ使用		（2）両方とも不使用		（3）両方とも使用		（4）授受表現のみ使用	
			％	人数	％	人数	％	人数	％	人数
日本	男性	若年層	16.8	23	18.2	25	19.7	27	45.3	62
		中年層	5.9	4	19.1	13	14.7	10	60.3	41
		高年層	11.4	4	8.6	3	28.6	10	51.4	18
	女性	若年層	3.3	7	12.3	26	20.4	43	64.0	135
		中年層	6.9	5	6.9	5	16.7	12	69.4	50
		高年層	12.8	5	10.3	4	15.4	6	61.5	24
日本の全体の平均			9.5%		12.6%		19.3%		58.7%	
韓国	男性	若年層	54.1	33	37.7	23	8.2	5	0.0	0
		中年層	49.2	30	45.9	28	1.6	1	3.3	2
		高年層	36.4	4	45.5	5	9.1	1	9.1	1
	女性	若年層	71.7	124	23.1	40	3.5	6	1.7	3
		中年層	70.4	69	26.5	26	2.0	2	1.0	1
		高年層	44.4	4	33.3	3	22.2	2	0.0	0
韓国の全体の平均			54.4%		35.3%		7.8%		2.5%	

　表2の結果と同じで，日本語母語話者の最多回答は（4）の「人称詞を明示

しない授受表現の文」，韓国語母語話者の最多回答は（1）の「人称詞を明示する非授受表現の文」である。（1）から順に日本語母語話者の数値が上昇し，韓国語母語話者の数値が低下している傾向も表2と共通する点である。

　以上，授受表現に関する意識調査の結果から，日本語母語話者は授受表現を好んで用いているのと同時に人称詞明示の傾向が弱く，韓国語母語話者は授受表現をあまり用いないのと同時に人称詞明示の傾向が強いという法則性を見いだすことができる。

　さらに，表2と表3の結果を比べてみると，両者の間に新たに見えてくるものがある。まず，日本語母語話者の結果に注目すると，授受表現の使用頻度―（3）と（4）を合わせた数値―にはそれほど大きな差が見られず，表2で75.4％，表3で78.1％である。しかし，人称詞の使用頻度―（1）と（3）を合わせた数値―を比較すると，表2で43.2％，表3で28.8％であり，前者の割合が高いことがわかる。両者の人称詞の違いは，表2で「わたしに」形式が，表3で「わたし（を）」形式が用いられていることである。よって，日本語母語話者はできるだけ人称詞の明示を避けながらも，「わたしを」形式よりは「わたしに」形式を用いやすいと感じているという推測が可能である。

　また，韓国語母語話者の結果に注目すると，人称詞の使用頻度にはそれほど差が見られず，表2で61％，表3で62.2％である。しかし，授受表現の使用頻度を比較すると，表2で1.2％，表3では10.3％であり，後者の割合が高いことがわかる。前述したように，表2では「名詞＋くれる」形式が，表3では「動詞＋てくれる」形式が提示されている。よって，韓国語母語話者はできるだけ授受表現を避けながらも，「名詞＋くれる」形式よりは「動詞＋てくれる」形式を用いやすいと感じているという推測が可能である。

2.2　名乗り表現での人称詞使用

　日本語と韓国語の人称詞の頻度差に影響を与える要因として名乗り表現を取りあげ，両国の被験者がこのような表現の中でどの程度人称詞を用いているかについて考察する。ただし，ここで分析対象となる人称詞は，当然ながら単数形自称詞に限られる。

　以下の日本語版の［場面3］と韓国語版の［장면3］が，名乗り表現に関する設問項目である。また，表4はこの項目についての結果である。

【日本語版】

　［場面3］あなたは友人の鈴木さんの携帯に電話をかけました。呼び出し音の後，鈴木さんが出ました。自分の名前を言うとき，あなたはどのような言い方をしますか。

　　　1．名前 だけど。

　　　2．わたし，名前 だけど。（わたしの他にあたし，ぼく，おれなどを使っても結構です）

【韓国語版】

　［장면3］당신은 친구의 휴대폰에 전화를 걸었습니다. 신호음이 울린 후 친구가 전화를 받았습니다. 당신 자신의 이름을 말할 때 당신은 어떻게 말합니까?

　　　1．(이름) 인데….

　　　2．나，(이름) 인데….

表4　日本語と韓国語の名乗り表現での人称詞使用

被験者の属性			（1）人称詞不使用		（2）人称詞使用	
			％	人数	％	人数
日本	男性	若年層	93.4	128	6.6	9
		中年層	92.6	63	7.4	5
		高年層	100.0	36	0.0	0
	女性	若年層	92.8	194	7.2	15
		中年層	85.9	61	14.1	10
		高年層	80.0	32	20.0	8
日本の全体の平均			90.8%		9.2%	
韓国	男性	若年層	37.7	23	62.3	38
		中年層	45.9	28	54.1	33
		高年層	72.7	8	27.3	3
	女性	若年層	22.4	38	77.6	132
		中年層	31.6	30	68.4	65
		高年層	11.1	1	88.9	8
韓国の全体の平均			36.9%		63.1%	

　日本語母語話者の最多回答は（1）の「自称詞を明示しない名乗り表現」で，韓国語母語話者の最多回答は（2）の「自称詞を明示する名乗り表現」である。表2，表3の結果と同様，両言語間の差は著しく，日本語母語話者は名乗り表現の文頭にできるだけ自称詞を明示しないようとし，韓国語母語話者はできる

だけ明示しようとする傾向が明らかである。

　とりわけ，日本語母語話者は，90％以上の人が自称詞を明示しないと回答しており，韓国語母語話者に比べて偏りがより顕著に見られている。第3章で，韓国語の名乗り表現での自称詞多用の要因として，文形式のパターン化と自称詞のフィラー的用法を取りあげたが，今回の意識調査の結果から見ると，韓国語の傾向とは逆に，日本語の場合は自称詞を用いないということがパターンとして成立していると考えられる。さらに，今回の意識調査での両者の割合を比較してみると，このようなパターン化は，韓国語母語話者の自称詞多用よりも日本語母語話者の自称詞不使用のほうでより強く現れているといえる。

２.３　勧誘表現での人称詞使用

　日本語と韓国語の人称詞に頻度差をもたらす要因として勧誘表現を取りあげ，両国の被験者がこのような表現の中でどの程度人称詞を用いているかについて考察する。ここで分析対象となる人称詞は，複数形自称詞に限られる。

　以下の日本語版の［場面4］と韓国語版の［장면5］が勧誘表現に関する設問項目である。ただし，この項目の韓国語版では，日本語版と違って，2種の勧誘語尾の形式を取り入れたため，合わせて4パターンの例を提示している。これは，韓国語の勧誘表現で複数形自称詞が多用される傾向が勧誘語尾の形式と関係しているということを検証するためである。

【日本語版】

　［場面4］知人の山田さんに会ったあなたは，お腹が空いてきたので山田さんを食事に誘います。そのとき，あなたはどのような言い方をしますか。

　　　1．ご飯食べに行きましょう。

　　　2．わたしたち，ご飯食べに行きましょう。（わたしたちの他にあたしたち，ぼくら，ぼくたち，おれら，おれたちなどを使っても結構です。）

【韓国語版】

　［장면5］당신은 오래간만에 잘 아는 사람을 만났습니다. 그 사람에게 함께 식사하러 가기를 권할 때 당신은 어떻게 말합니까?

　　　1．밥 먹으러 가요. （ご飯食べに行きましょう。）

2．우리 밥 먹으러 <u>가요</u>.　（わたしたち，ご飯食べに行きましょう。）

3．밥 먹으러 <u>갑시다</u>.　（ご飯食べに行きましょう。）

4．우리，밥 먹으러 <u>갑시다</u>.　（わたしたち，ご飯食べに行きましょう。）

＊（　）内の日本語訳と下線は便宜上，本書だけにつけ加えたものである（以降同様）

まず，表5がこの項目についての結果である。

表5　日本語と韓国語の勧誘表現での人称詞使用

被験者の属性			(1) 人称詞不使用		(2) 人称詞使用	
			％	人数	％	人数
日本	男性	若年層	98.5	135	1.5	2
		中年層	100.0	68	0.0	0
		高年層	100.0	36	0.0	0
	女性	若年層	100.0	208	0.0	0
		中年層	98.6	71	1.4	1
		高年層	97.5	39	2.5	1
日本の全体の平均			99.1%		0.9%	
韓国	男性	若年層	41.0	25	59.0	36
		中年層	39.3	24	60.7	37
		高年層	80.0	8	20.0	2
	女性	若年層	26.0	46	74.0	128
		中年層	24.7	24	75.3	73
		高年層	33.3	3	66.7	6
韓国の全体の平均			40.7%		59.3%	

（1）は「複数形自称詞を明示しない勧誘表現」で，（2）は「複数形自称詞を明示する勧誘表現」である。これは，日本語と韓国語の対照分析の結果であるため，前述した韓国語版での勧誘語尾の形式の違いは考慮せずに集計を行った。つまり，韓国語版の例1と例3は勧誘語尾の形式は異なるがともに複数形自称詞を明示していないため，表5では両者を合わせて（1）にまとめた。同じく韓国語版の例2と例4も勧誘語尾の形式は異なるがともに複数形自称詞を用いているため，表5では両者を合わせて（2）にまとめた。

表5によれば，日本語母語話者の最多回答は（1）の「複数形自称詞を明示しない勧誘表現」で，韓国語母語話者の最多回答は（2）の「複数形自称詞を明示する勧誘表現」である。表2，表3，表4の結果と同様，両言語間の差は著しく，とりわけ，日本語母語話者の結果では99％以上の人が複数形自称詞を明示しないと回答しており，勧誘表現に複数形自称詞を用いることに対して大

半の人が違和感を持っていることが明らかになった。

　ここでもう１つ注目したいのが，韓国語母語話者の男女による人称詞選択率の差が大きい点である。男性では，（２）の「複数形自称詞を明示する勧誘表現」という回答が46.6％であるのに対して女性では72.0％であり，男性より女性で人称詞の選択率が高い結果となっている。これは，日本語母語話者には見られない傾向であり，これから述べる韓国語での人称詞使用と勧誘語尾との関係に深くかかわっていると考えられる。

　表5の結果から，韓国語母語話者は勧誘表現の文頭に複数形自称詞「우리uli」を多く用いることがわかった。これは，韓国語での特徴的な用法であると考えられる。第3章では，これに影響を与える要因として，勧誘語尾「〜아/어요 a/eyo」の意味の多様性を取りあげた。ここでは，この仮説を検証するため，韓国語版の［장면5］で提示した2パターンの勧誘語尾「〜아/어요 a/eyo」と「〜ㅂ/읍시다 p/upsita」を比較する。両者を比較対象として取りあげたのは，両方とも丁寧体の勧誘語尾であるが，「〜아/어요 a/eyo」が勧誘文のほかに平叙文や疑問文，命令文などにも対応しているのに対し，「〜ㅂ/읍시다 p/upsita」は勧誘表現のみに対応しているからである。

　表6は，この項目についての分析結果である。

表6 韓国語の勧誘表現での人称詞使用と文末語尾の関係

被験者の属性		（１）人称詞不使用の「〜아/어요 a/eyo」体		（２）人称詞使用の「〜아/어요 a/eyo」体		（３）人称詞不使用の「〜ㅂ/읍시다 p/upsita」体		（４）人称詞使用の「〜ㅂ/읍시다 p/upsita」体	
		％	人数	％	人数	％	人数	％	人数
男性	若年層	18.0	11	49.2	30	23.0	14	9.8	6
	中年層	8.2	5	19.7	12	31.1	19	41.0	25
	高年層	10.0	1	10.0	1	70.0	7	10.0	1
女性	若年層	23.1	40	67.6	117	3.5	6	5.8	10
	中年層	16.5	16	53.6	52	8.2	8	21.6	21
	高年層	33.3	3	33.3	3	0.0	0	33.3	3
全体の平均		18.2%		38.9%		22.6%		20.3%	

　（１）と（２）は「〜아/어요 a/eyo」，（３）と（４）は「〜ㅂ/읍시다 p/upsita」が用いられた勧誘表現である。（１）と（２）の「〜아/어요 a/eyo」を選んだ回答は全体の57.1％だが，このうち，（２）の「複数形自称詞を明示する」と答えた人は38.9％である。一方で，（３）と（４）の「〜ㅂ/읍시다 p/

upsita」を選んだ回答は全体の42.9％で，このうち，（4）の「複数形自称詞を明示する」と答えた人は20.3％である。各勧誘語尾の選択率を100％に換算した場合，勧誘語尾「〜아 / 어요 a/eyo」を用いた際に複数形自称詞を明示する割合は68.1％，勧誘語尾「〜ㅂ / 읍시다 p/upsita」を用いた際に複数形自称詞を明示する割合は47.3％であり，勧誘語尾「〜아 / 어요 a/eyo」の文での複数形自称詞の選択率がより高いということがわかる。

　このように，韓国語の勧誘表現で複数形自称詞「우리 uli」を用いるか否かと勧誘語尾の形式との関連性が認められた。すなわち，勧誘表現だけでなく他表現の語尾としても対応できる「〜아 / 어요 a/eyo」体の文頭に複数形自称詞を明示することで，当の発話が勧誘表現であることを最初から明確に示す効果が得られるのである。

　なお，前述した男女による人称詞選択率の差と表6の分析結果とのかかわりを考察するために，2パターンの勧誘語尾の性別使用層を調べてみる。表6を男女別に分けて分析してみると，男性の回答では「〜아 / 어요 a/eyo」の（1）と（2）を合わせた数値が38.4％，「〜ㅂ / 읍시다 p/upsita」の（3）と（4）を合わせた数値が61.7％であるのに対し，女性の回答では「〜아 / 어요 a/eyo」が75.8％，「〜ㅂ / 읍시다 p/upsita」が24.1％で，女性が男性より勧誘語尾として「〜아 / 어요 a/eyo」の使用を好むということがわかる。

　つまり，表5の韓国語母語話者の結果で，女性の人称詞の選択率が高かったのは，勧誘語尾「〜아 / 어요 a/eyo」の文に複数形自称詞が明示されやすいという傾向と，女性が勧誘語尾「〜아 / 어요 a/eyo」の使用を好むという傾向の必然的な結果であるといえる。

2．4　連体修飾語としての人称詞使用

　日本語と韓国語の人称詞に頻度差をもたらす要因に，連体修飾語としての人称詞を取りあげ，両国の被験者がこのような用法の人称詞をどの程度用いているかについて考察する。以下の日本語版の［場面6］と韓国語版の［장면6］が関連項目である。

　ここで主に注目する人称詞は複数形自称詞である。ただし，韓国語版の例2で提示している複数形自称詞「저희 cehuy/ 우리 uli」に対応するものとして，日本語版の例2では「うち」を当てはめている。これは，日本語では，以下のような発話で複数形自称詞が連体修飾語として明示されることはありえないと判

断したからである。よって，韓国語での複数形自称詞にもっとも近接している
と考えられる「うち」を提示し，これに対する日本語母語話者の使用実態を一
緒に調べていく。

【日本語版】

　［場面6］あなたが知人の山田さんと街を歩いているとき，あなたの兄弟に
　　　　会いました。山田さんに兄弟を紹介するとき，あなたはどのような言い
　　　　方をしますか。（兄弟がいなくてもいると想定して答えて下さい）
　　　　1．兄です。（兄の他に姉，弟，妹を使っても結構です－以下同様）
　　　　2．うちの兄です。
　　　　3．わたしの兄です。（わたしの他にあたし，ぼく，おれなどを使って
　　　　　　も結構です）
　　　　4．自分の兄です。

【韓国語版】

　［장면6］당신이 아는 사람과 길을 걷고 있을 때 당신의 형제 (또는 자매 , 남
　　　　매) 와 우연히 만났습니다 . 함께 있던 사람에게 가족을 소개할 때 당신은
　　　　어떻게 말합니까 ?
　　　　1．형이에요 . (‘형’ 대신에 ‘오빠 , 누나 , 언니 , 동생’ 을 써도 무방
　　　　　　함 - 아래 보기도 같음)
　　　　2．저희 형이에요 . (‘저희’ 대신에 ‘우리’ 를 써도 무방함)
　　　　3．제 형이에요 . (‘제’ 대신에 ‘내’ 를 써도 무방함)
　　　　4．자기 형이에요 .

　表7はこの項目についての分析結果である。（1）は「人称詞をまったく明示
しない文」，（2）は「韓国語では複数形自称詞，日本語では「うち」を明示す
る文」，（3）は「単数形自称詞を明示する文」，（4）は「再帰代名詞（自分／
자기 caki）を明示する文」になっている。

表7　日本語と韓国語の連体修飾語としての人称詞の使用

被験者の属性			（1）人称詞不使用		（2）複数形自称詞／うち使用		（3）単数形自称詞使用		（4）再帰代名詞使用	
			%	人数	%	人数	%	人数	%	人数
日本	男性	若年層	16.1	22	36.5	50	45.3	62	2.2	3
		中年層	22.1	15	32.4	22	42.6	29	2.9	2
		高年層	33.3	12	13.9	5	47.2	17	5.6	2
	女性	若年層	21.8	46	34.1	72	43.1	91	0.9	2
		中年層	25.0	18	16.7	12	58.3	42	0.0	0
		高年層	21.4	9	7.1	3	71.4	30	0.0	0
日本の全体の平均			23.3%		23.5%		51.3%		1.9%	
韓国	男性	若年層	4.9	3	50.8	31	42.6	26	1.6	1
		中年層	6.6	4	67.2	41	26.2	16	0.0	0
		高年層	0.0	0	36.4	4	63.6	7	0.0	0
	女性	若年層	5.8	10	63.6	110	30.6	53	0.0	0
		中年層	9.2	9	51.0	50	39.8	39	0.0	0
		高年層	33.3	3	33.3	3	33.3	3	0.0	0
韓国の全体の平均			10.0%		50.4%		39.4%		0.3%	

　日本語母語話者の最多回答は（3）の「単数形自称詞を明示する文」で，韓国語母語話者の最多回答は（2）の「複数形自称詞を明示する文」である。

　また，（1）の「人称詞をまったく明示しない文」を選択した回答が，日本語母語話者では23.3％あったのに対して韓国語母語話者では10.0％しかなく，両言語の数値にかなりの差が見られる。この結果から，日本語母語話者は韓国語母語話者に比べて，状況的に判断が可能な場合にはできるだけ連体修飾語としての人称詞は使用しない傾向にあることがわかる。なお，（4）の「再帰代名詞（自分／자기 caki）を明示する文」は，日本語母語話者と韓国語母語話者ともに選択率が非常に低く，このような文に対して違和感を持っていることが推測される。

　さらに，日本語母語話者の結果で（2）を選択した回答が23.5％見られたことから，自分の家族や所属グループを表すとき「うち」という形式もかなり用いられることがわかる。ただし，日本語母語話者の中でも関西の女性は「うち」を「わたし」の意味として用いる場合も多く，回答の中には「うち」を単数形自称詞として選んだ例もあるだろう。

　つぎに，ここでは，韓国語特有の複数形自称詞の用法について考察するために，韓国語版のみにもう1つの設問項目をもうけた。ここで，単数であるべき

96

箇所での複数形自称詞の使用，詳しくは，人に自分の妻のことを指して言うとき「우리 uli（＝私たち）」を用いることに対する韓国語母語話者の意識を考察する。以下に具体的な調査票の内容を示す。この項目は日本語版にはないので，以下の韓国語版の中に括弧付きで日本語訳をつけ加える。

【韓国語版】

[장면 12] 기혼 남성이 자기 아내에 대해서 친구에게 이야기할 때 "우리 집사람"이라고 말한다 . (既婚の男性が自分の妻のことを友達に話すとき「私たちの家内）という。)

예）오늘 <u>우리</u> 집사람은 동창회에 간다고 나갔어 . (例）今日，<u>私たち</u>の家内は同窓会に行くといって出かけたんだ。)

上記の場面に対して，韓国の被験者がどの程度の違和感を持つのか，4つの選択肢の中から選択してもらった。選択肢は，（1）まったく違和感がない，（2）それほどの違和感はない，（3）若干違和感がある，（4）非常に違和感がある，の4つである。ここでは，便宜上（1）と（2）を合わせて「違和感がない」，（3）と（4）を合わせて「違和感がある」にまとめた。この結果を表8に示す。

表8 韓国語の連体修飾語としての複数形自称詞使用に対する容認度

被験者の属性		違和感がない		違和感がある	
		％	人数	％	人数
男性	若年層	88.1	52	11.9	7
	中年層	93.2	55	6.8	4
	高年層	100.0	9	0.0	0
女性	若年層	94.8	163	5.2	9
	中年層	88.4	84	11.6	11
	高年層	100.0	6	0.0	0
全体の平均		94.1%		5.9%	

最多回答は（1）の「違和感がない」で，94.1％の非常に高い選択率となっている。よって，多くの人がこのような用法の複数形自称詞の使用に対して肯定的であることが明らかになった。表7でも述べたように，韓国語で複数形自称詞が連体修飾語として用いられるとき，これらの多くは日本語での「うち」の役割を果たしていると考えられる。

なお，非常に少数ではあるが，表8で違和感があると答えた韓国語母語話

者により適切だと思えることばを聞いたところ，50.0％が「나 na（わたし）」，
35.0％が「저 ce（わたくし）」と，合わせて85.0％の人が単数形自称詞を取りあ
げており，違和感を持つ理由が複数形を用いたためであることが明確に示され
ている。

2.5　再帰代名詞「自分」と「자기 caki」の使用

　日本語と韓国語の人称詞の頻度差に深いかかわりを持っている形式として，
両言語の再帰代名詞「自分」と「자기 caki」を取りあげ，両言語母語話者の意
識と使用実態について考察する。以下の日本語版の［場面1］と［場面2］，韓
国語版の［장면1］と［장면2］が再帰代名詞に関する設問項目である。まっ
たく同じ場面での同じ発話で，日本語では「自分」，韓国語では「자기 caki」が
用いられている。両国の被験者にこれらの再帰代名詞が両言語表現の中で自然
に感じられるか，それとも不自然に感じられるかを質問した。

【日本語版】
　［場面1］ファミリーレストランで食事を終えた客がカウンターで勘定をし
　　　　　ています。そのとき，客がテーブルに忘れてきた傘を従業員が持ってきて，
　　　　　「この傘，お客さんのじゃないですか？」とたずねました。以下の「自分」
　　　　　は自然ですか。
　　　　　「はい，<u>自分</u>のです」
　［場面2］ホテルでチェックインを済ませて部屋に向かうとき，従業員が客
　　　　　の手提げカバンを見て「お持ちしましょうか」と声をかけました。以下
　　　　　の「自分」は自然ですか。
　　　　　「いいえ，<u>自分</u>で持っていきます」

【韓国語版】
　［장면1］한 손님이 레스토랑에서 식사를 마치고 카운터에서 계산을 하고
　　　　　있습니다. 서빙을 하던 점원이 그 손님이 테이블에 두고 온 우산을 가지
　　　　　고 와서 손님 것이 아닌지를 확인합니다. 아래 대답의 "자기"는 자연스
　　　　　럽습니까?
　　　　　"예, <u>자기</u> 꺼예요."

［장면 2］호텔에 숙박하게 된 손님이 체크인을 마치고 방으로 향하고 있습니다. 안내를 맡은 호텔종업원이 손님의 가방을 보고 "제가 들어 드리겠습니다"라고 말했습니다. 아래 대답의 "자기"는 자연스럽습니까?
"아니요, 자기가 들고 갈게요."

表9と表10が，この項目についての分析結果である。

表9 日本語と韓国語の［場面1］［장면1］での再帰代名詞使用に対する意識

被験者の属性			不可		可	
			％	人数	％	人数
日本	男性	若年層	57.7	79	42.3	58
		中年層	49.3	33	50.7	34
		高年層	68.6	24	31.4	11
	女性	若年層	71.0	149	29.0	61
		中年層	79.2	57	20.8	15
		高年層	71.4	30	28.6	12
日本の全体の平均			66.2%		33.8%	
韓国	男性	若年層	100.0	61	0.0	0
		中年層	100.0	61	0.0	0
		高年層	81.8	9	18.2	2
	女性	若年層	99.4	172	0.6	1
		中年層	99.0	97	1.0	1
		高年層	88.9	8	11.1	1
韓国の全体の平均			94.85%		5.15%	

　まず，表9は［場面1］の結果で，日本語母語話者と韓国語母語話者ともに「不可」の選択率が高いものの，その割合にはかなりの差が見られる。日本語母語話者では33.8％の人がこのような発話での再帰代名詞「自分」の使用について肯定的であり，ある程度選択の余地を残している。一方，韓国語母語話者では94.85％の人が「不可」と回答しており，ほとんどの人がこのような発話での再帰代名詞「자기 caki」の使用に対して違和感を覚えていることが明らかになった。
　つぎに，表10の［場面2］に対する結果を見てみよう。

表 10 日本語と韓国語の［場面2］［장면2］での再帰代名詞使用に対する意識

被験者の属性			不可		可	
			％	人数	％	人数
日本	男性	若年層	12.4	17	87.6	120
		中年層	1.5	1	98.5	66
		高年層	14.3	5	85.7	30
	女性	若年層	3.3	7	96.7	203
		中年層	5.6	4	94.4	68
		高年層	22.0	9	78.0	32
日本の全体の平均			9.85%		90.15%	
韓国	男性	若年層	100.0	61	0.0	0
		中年層	100.0	61	0.0	0
		高年層	100.0	11	0.0	0
	女性	若年層	100.0	173	0.0	0
		中年層	98.0	96	2.0	2
		高年層	100.0	9	0.0	0
韓国の全体の平均			99.7%		0.3%	

　日本語母語話者では90.15％の人が「可」と回答しているのに対し，韓国語母語話者では99.7％の人が「不可」と回答しており，両言語間でまったく反対の結果になっている。これは，日本語で再帰代名詞を用いるところに，韓国語では再帰代名詞の使用を避けて自称代名詞を用いるという，両言語での運用上の違いによるものだと考えられる[4]。

　なお，表9と表10を比べてみると，「自分の」形式と「自分で」形式の選択率の間に差が見られることがわかる。韓国語母語話者では両方とも「不可」のほうに90％以上と回答が偏っているが，日本語母語話者では「自分の」より「自分で」の形式で「可」の選択率が非常に高い。よって，日本語では，後接する助詞の種類などの他要素が再帰代名詞「自分」の使用率に影響している可能性がうかがえる。

3．聞き手による日本語と韓国語の人称詞使用

　ここでは，聞き手との関係が両言語での人称詞の使用にどのようにかかわっているかを調べ，両言語の違いを明らかにしたい。そのため，両言語版の調査

[4]　韓国語版の［장면2］の場合，「자기 caki」を自称代名詞「저 ce（わたくし）」に置き換えるとまったく違和感のない発話になる。実際の意識調査でも，韓国人の被験者の中に，このような内容のコメントを書き加えた人が何人かいた。

票の中で提示した設問項目は以下のとおりである。

【日本語版】

［場面 16］あなたはコーヒーショップに座っています。隣に座っていた人が店を出ようとして立ち上がったとき，あなたはその人が座っていた席にハンカチが落ちていることに気づきました。その人に「このハンカチは，あなたのじゃないか？」と聞くとき，あなたは<u>相手のこと</u>を何といいますか。

（例えば，「これ，<u>きみ</u>のじゃない？」，「このハンカチ，<u>先生</u>のじゃないですか」など）

	相手	相手を指すことば
A	「年下の兄弟」の場合	
B	「お父さん」の場合	
C	「同年代の知人」の場合	
D	「自分よりかなり年上の知人」の場合	
E	「初対面の子ども」の場合	
F	「初対面の自分よりかなり年上の人」の場合	
例）	あなた／きみ／おまえ／あんた／おたく／自分／そちら／そっち／○○（相手の名前）／△△（相手の愛称）／○○さん／○○ちゃん／○○くん／課長／社長／お父さん／おじさん／おばさん／坊や／ぼく／お嬢さん　など	

［場面 17］あなたはコーヒーショップに座っています。隣の人が間違えてあなたのボールペンを自分のポケットの中に入れました。その人に「そのボールペンは，私のだ」というとき，あなたは<u>自分のこと</u>を何といいますか。

（例えば，「それ，<u>おれ</u>のだよ」，「そのボールペン，<u>おばさん</u>のだけど…」など）

	相手	自分を指すことば
A	「年下の兄弟」の場合	
B	「お父さん」の場合	
C	「同年代の知人」の場合	
D	「自分よりかなり年上の知人」の場合	
E	「初対面の子ども」の場合	
F	「初対面の自分よりかなり年上の人」の場合	
例）	わたし／あたし／ぼく／おれ／わたくし／わし／自分／こちら／こっち／○○（自分の名前）／△△（自分の愛称）／おじさん／お兄さん　など	

【韓国語版】

[장면 13] 당신은 커피숍에 앉아 있습니다. 옆에 앉아 있던 사람이 가게를 나가려고 일어섰을 때 그 사람이 앉아 있던 자리에 손수건이 떨어져 있는 것을 보았습니다. 그 사람에게 '이 손수건은 당신 것이 아닌가'라고 물어 볼 때 당신은 <u>상대방을 가리켜</u> 어떤 단어를 사용합니까?

(예) "이거 <u>선생님</u> 꺼 아닌가요?", 또는 "이 손수건, <u>니</u> 꺼 아냐?" 등등.

	상대	상대방을 가리키는 말
A	[손아래 형제 / 자매 / 남매] 의 경우	
B	[아버지] 의 경우	
C	[자신과 비슷한 나이의 잘 아는 사람] 의 경우	
D	[자신보다 나이가 아주 많지만 잘 아는 사람] 의 경우	
E	[처음 만난 어린이] 의 경우	
F	[처음 만난 자신보다 나이가 아주 많은 사람] 의 경우	
보기) 너 (니 , 네)/ 당신 / 자네 / 자기 / 그쪽 / 본인 / ○○ (상대방의 이름 , 별명)/ ○○씨 / 사장님 / 과장님 / 선생님 / 아버지 / 아버님 / 아빠 / 아저씨 / 아주머니 / 아줌마 등등			

[장면 14] 당신은 커피숍에 앉아 있습니다. 옆 사람이 실수로 당신의 볼펜을 자기 주머니에 집어 넣는 것을 보았습니다. 그 사람에게 '그 볼펜은 나의 것이다'라고 말할 때 당신은 <u>당신자신을 가리켜</u> 어떤 단어를 사용합니까?

(예) "그거, <u>아저씨</u> 꺼다.", 또는 "그 볼펜, <u>제</u> 껀데요." 등등.

	상대	자신을 가리키는 말
A	[손아래 형제 / 자매 / 남매] 의 경우	
B	[아버지] 의 경우	
C	[자신과 비슷한 나이의 잘 아는 사람] 의 경우	
D	[자신보다 나이가 아주 많지만 잘 아는 사람] 의 경우	
E	[처음 만난 어린이] 의 경우	
F	[처음 만난 자신보다 나이가 아주 많은 사람] 의 경우	
보기) 나 (내)/ 저 (제)/ 자기 / 이쪽 / ○○ (자신의 이름, 별명)/ 아저씨 / 아주머니 / 아줌마 / 형 / 형님 / 누나 / 누님 / 언니 / 오빠 등등			

日本語版の［場面 16］と韓国語版の［장면 13］は対称詞の使用場面で，日本語版の［場面 17］と韓国語版の［장면 14］は自称詞の使用場面であり，両言語版は同じ内容で構成されている。なお，被験者ができるだけ回答しやすくする

ため，調査票には参考として「例／보기」を示しており，両者が同じ種類の人称詞になるように心がけている。なお，調査票には「複数回答可」と記したが，集計の際には先頭に記入された人称詞のみをカウントした。指示文の中には，できればまわりの誰かを特定して自分が普段使っていると思われることばを書くこと，ただし，実際に該当する相手がいなくてもいると想定して書くことを，それぞれ両言語版で記している。

３．１　家族に対する人称詞使用

さまざまな人間関係の中で，もっとも親密であると考えられる家族に対して，両国の被験者がどのような人称詞を使っているかを考察する。具体的な聞き手としては，年齢差を考慮して「年下の兄弟」と「お父さん」の２ケースを取りあげる。分析内容も対称詞と自称詞に分けられるので，以下にはこれらの計４パターンの分析結果を示す。

表の表し方は，国別分析の結果，回答数が多かった順にその項目と割合を並べ，各項目の性別・世代別の割合の詳細を下に示している。順位をつける項目は上位４項目までとし，それ以外の下位項目については，５位に「その他」としてまとめた。「その他」の中には，４位より数が少ないもののほかに，空欄のまま何も記入していないもの，明らかに勘違いによる回答であると判断できるものが含まれている[5]。

まず，表11で年下兄弟に対する対称詞使用について考察する。

---

[5]　対称詞を記入する欄に自称詞の「わたし」「おれ」などを記入したり，子どもに対する対称詞に「おばさん」「おじさん」を記入したりするケースを，勘違いによる回答であると判断し「不明」というタイトルでまとめた。なお，何も記入していない「空欄」は，「この場合は人称詞を使わない」とはっきり明記している「不使用」とは区別している。しかし，本調査の調査票には，「人称詞を使わない場合は，「不使用」と書きなさい」などの指示がなかったため，「不使用」と回答したかった人が「空欄」のままにしておいたケースもあると思われる。

表 11 日本語と韓国語での年下兄弟に対する対称詞使用

国別 ＼ 順位		1	2	3	4	5
日本		対称代名詞 60.5%	名前 35.1%	自分 1.9%	不使用 1.3%	その他 1.2%
男性	若年層	75.2	21.2	1.5	1.5	0.6
	中年層	75.0	22.1	0.0	1.5	1.4
	高年層	72.2	16.7	5.6	2.8	2.7
女性	若年層	46.9	49.3	2.8	0.5	0.5
	中年層	38.9	58.3	1.4	1.4	0.0
	高年層	54.8	42.9	0.0	0.0	2.3
韓国		対称代名詞 91.0%	名前 4.2%	定記述 1.1%	指示詞 1.1%	その他 2.6%
男性	若年層	88.5	3.3	1.6	1.6	5.0
	中年層	83.6	8.2	3.3	1.6	3.3
	高年層	100.0	0.0	0.0	0.0	0.0
女性	若年層	85.0	8.7	0.6	2.3	3.4
	中年層	88.8	5.1	1.0	1.0	4.1
	高年層	100.0	0.0	0.0	0.0	0.0

　両言語ともに，１位が「対称代名詞」，２位が「名前」で，この２項目に回答の 95%以上が集中している。しかし，各割合にはかなりの差が見られる。

　日本語の場合，「名前」の選択率が 35.1%で，韓国の 4.2%に比べて非常に高い。詳細を見てみると，「名前」の選択率が高いのは男性より女性のほうで，とりわけ，若・中年層の女性の場合は「対称代名詞」の選択率を上回り１位になっている。ちなみに，３位に「自分」が上がっているのは，関西での高い使用率によるものだと考えられる。

　一方，韓国語の場合，90%以上の人が「対称代名詞」を用いると答えており，中でも高年層では男女ともに 100%の選択率になっている。なお，韓国語の結果で特徴的なのは，少数ではあるが「定記述」という回答が見られることである。「동생 tongsayng（弟，妹）」「막내 maknay（末っ子）」などがこれに当たるが，日本語でこのような定記述類を用いた例は１例もない。

　さらに，もっとも選択率が高い「対称代名詞」を見てみると，日本語の場合は，性別と世代別で「あなた」「あんた」「おまえ」など多様な回答があるが，韓国語ではほとんど「너 ne」に集中しており，日本語に比べて使用する「対称代名詞」の種類が単純化している。それにもかかわらず，「対称代名詞」の選択率は日本語より高い結果を示している。

つぎに，表 12 で父親に対する対称詞使用について考察する。

表 12 日本語と韓国語での父親に対する対称詞使用 [6]

国別 ＼ 順位		1	2	3	4	5
日本		定記述 95.5%	対称代名詞 2.3%	不使用 1.3%	名前 0.4%	その他 1.2%
男性	若年層	94.2	2.9	2.2	0.7	0.0
	中年層	95.6	0.0	1.5	0.0	2.9
	高年層	91.7	5.6	2.8	0.0	-0.1
女性	若年層	99.1	0.5	0.0	0.5	-0.1
	中年層	97.2	0.0	1.4	1.4	0.0
	高年層	95.2	4.8	0.0	0.0	0.0
韓国		定記述 96.8%	不使用 2.3%	本人 0.4%	その他 0.5%	
男性	若年層	98.4	0.0	1.6	0.0	
	中年層	96.7	1.6	0.0	1.7	
	高年層	100.0	0.0	0.0	0.0	
女性	若年層	98.8	0.0	0.6	0.6	
	中年層	98.0	1.0	1.0	0.0	
	高年層	88.9	11.1	0.0	0.0	

　両言語ともに，「定記述」に 95％以上が集中している。割合にもそれほどの差は見られず，父親に対する対称詞としては「お父さん類」と「아버지 apeci（お父さん）類」の定記述が一般的であることが証明された[7]。

　しかし，それ以外の順位では両言語の間にかなりの差が見られる。まず，日本語の場合，「対称代名詞」を用いるという回答が 2 位なのに比べて韓国語では 1 例もない。表 11 の年下兄弟に対する対称詞で，韓国語では，婉曲的な指示である「名前」より直接的な指示である「対称代名詞」の選択率がはるかに高かった。しかし，父親に対する対称詞ではまったく反対の結果となり，韓国語では，父親を対称代名詞で指してはいけないという意識が日本語より強いと考えられる。

　一方，日本語で「対称代名詞」を用いるという回答は，男女ともに高年層でもっとも高い。この結果から，若いときには親を対称代名詞で呼ばなかった人でも，

6　日本語の 5 位「その他」に -0.1 という数値が 2 カ所見られるが，これは，各割合を小数点以下一桁で四捨五入しているため生じる計算上の欠損値である。以降，ほかの表においても同様である。

7　「お父さん類」には「お父さん」をはじめ，方言形式の「おとん」や「パパ」など，「아버지 apeci 類」には「아버지 apeci」「아빠 appa」「아버님 apenim」などが含まれる。

自分が高齢化していくにつれて対称代名詞を用いるようになるのではないかと推測される。なお，非常に少数ではあるが，日本語で「名前」という回答が見られていることにも注目したい。これは，主に若年層で用いられており，自分の親を友だち感覚で名前や愛称で呼ぶことが，若者の間で一種の流行りになっている可能性を示唆する。

　韓国語では，直接的な指示を避ける「不使用」という回答が2.3％で2位になっており，父親に対する対称詞使用の困難さがうかがえる。なお，少数ではあるが，韓国語特有の婉曲的な表現の「본인 ponin（本人）」という回答が見られ，これは日本の関西で多く用いられる対称詞「自分」に似ていると考えられる。なお，韓国語では，「定記述」「不使用」「本人」という3項目のほかに，「空欄」と「不明」を合わせて4位の「その他」になっており，それ以外の項目はない。

　以上，家族に対する対称詞使用について考察を行った。ここからは，家族に対する自称詞使用について考察を行う。まず，表13で年下兄弟に対する自称詞使用について見てみよう。

表13 日本語と韓国語での年下兄弟に対する自称詞使用

国別 \ 順位		1	2	3	4
日本		自称代名詞 85.9%	定記述 7.0%	名前 3.8%	その他 3.3%
男性	若年層	93.4	1.5	2.2	2.9
	中年層	88.2	4.4	0.0	7.4
	高年層	91.7	2.8	0.0	5.5
女性	若年層	73.9	10.9	13.3	1.9
	中年層	94.4	5.6	0.0	0.0
	高年層	73.8	16.7	7.1	2.9
韓国		自称代名詞 95.15%	定記述 4.5%	不使用 0.3%	その他 0.05%
男性	若年層	96.7	1.6	1.6	0.1
	中年層	96.7	3.3	0.0	0.0
	高年層	81.8	18.2	0.0	0.0
女性	若年層	97.7	1.7	0.0	0.6
	中年層	98.0	2.0	0.0	0.0
	高年層	100.0	0.0	0.0	0.0

　「自称代名詞」が1位になっているのは両言語ともに同じであるが，日本語より韓国語での選択率が高い。これは，表11で韓国語での「対称代名詞」の選択率が高かったのと同様の結果である。

　また，「名前」を用いるという回答が日本語のみに見られているが，その使い手の多くは女性で，とりわけ若年層での選択率がもっとも高い。最近，若い女性が自分自身を名前で指す傾向についてマスコミなどでたびたび話題になっているが，表13の結果がこのような現状を検証する形となっている。なお，両言語ともに2位に上がっている「定記述」の場合，韓国語より日本語での選択率が高い。

　以上のように，韓国語で「自称代名詞」への集中が目立っている反面，日本語では「名前」と「定記述」という婉曲的な表現も少なからず用いられていることがわかった。

　つぎに，表14で父親に対する自称詞使用について考察する。

表14 日本語と韓国語での父親に対する自称詞使用

国別＼順位		1	2	3	4
日本		自称代名詞 85.4%	名前 6.5%	自分 4.5%	その他 3.6%
男性	若年層	89.1	3.6	3.6	3.7
	中年層	85.3	1.5	7.4	5.8
	高年層	88.9	0.0	11.1	0.0
女性	若年層	76.8	18.5	0.0	4.7
	中年層	88.9	8.3	0.0	2.8
	高年層	83.3	7.1	4.8	4.8
韓国		自称代 98.85%	その他 1.15%		
男性	若年層	98.4	1.6		
	中年層	98.4	1.6		
	高年層	100.0	0.0		
女性	若年層	99.4	0.6		
	中年層	96.9	3.1		
	高年層	100.0	0.0		

　両言語ともに，「自称代名詞」が1位になっているが，年下兄弟に対する自称詞使用の結果と同じく，日本語より韓国語での選択率が高い。日本語の85.4%に比べて韓国語は98.85%であり，「空欄」と「不明」を合わせた「その他」1.15%を除くと，100%の人が父親の前では「自称代名詞」で自分を指していることになる。

　一方，日本語の場合，「名前」という回答が6.5%で2位になっているが，その話し手は主に女性で，とりわけ若年層での選択率がもっとも高く，年下兄弟

に対する自称詞使用の結果と同様である。このように，女性の自称詞として「名前」が目立っているのに対し，男性の父親に対する自称詞としては 3 位の「自分」が注目される。「自分」という回答を詳しく見ると話し手はほとんど男性に集中しており，「名前」の使用層と反対の傾向が見られる。

３．２　知人に対する人称詞使用

　家族より親密度は低いが，日常的につきあいを持っている知人に対して両国の被験者がどのような人称詞を使っているかを考察する。具体的な聞き手としては，年齢差を考慮して「同年代の知人」と「自分よりかなり年上の知人」の 2 ケースを取りあげる。3．1 と同じく分析内容を対称詞と自称詞に分けて考察を行う。
　まず，表 15 で同年代の知人に対する対称詞使用について見てみよう。

表 15 日本語と韓国語での同年代の知人に対する対称詞使用

国別＼順位		1	2	3	4	5
日本		名前 57.8%	対称代名詞 36.05%	自分 3.7%	不使用 1.1%	その他 1.35%
男性	若年層	43.8	45.3	8.0	2.2	0.7
	中年層	52.9	42.6	2.9	0.0	1.6
	高年層	33.3	55.6	5.6	2.8	2.7
女性	若年層	85.3	9.5	4.3	0.0	0.9
	中年層	79.2	18.1	1.4	1.4	-0.1
	高年層	52.4	45.2	0.0	0.0	2.4
韓国		対称代名詞 58.7%	名前 17.5%	自分（caki） 9.0%	指示詞 6.0%	その他 8.8%
男性	若年層	67.2	13.1	1.6	6.6	11.5
	中年層	62.3	23.0	1.6	8.2	4.9
	高年層	72.7	9.1	0.0	9.1	9.1
女性	若年層	63.0	20.2	2.3	9.2	5.3
	中年層	31.6	28.6	26.5	3.1	10.2
	高年層	55.6	11.1	22.2	0.0	11.1

　日本語では「名前」が 57.8％で 1 位，「対称代名詞」が 36.1％で 2 位であるのに対し，韓国語では「対称代名詞」が 58.7％で 1 位，「名前」が約 17.5％で 2 位である。順位が正反対で各割合にもかなりの差が見られる。日本語では，「あなた」「あんた」「きみ」「おまえ」など，同年代や年下の人に使える対称代名詞が数多くあるが，この調査結果によるとこれらの直示的な表現より名前で聞き手を指示する傾向が強い。

108

　一方，韓国語では日本語に比べて同年代や年下の人に使える対称代名詞の数は少なく，その代表格に「너 ne」がある。それでも，この調査結果によると半数以上が数の少ない「対称代名詞」を用いると回答しており，「名前」で聞き手を指示するという回答は日本語に比べて非常に低い割合である。

　また，表15で特に興味深い日本語と韓国語の違いは，両言語ともに3位となっている再帰代名詞「自分」と「자기 caki」の使用層である。日本語の場合，中・高年層より若年層の選択率が高く，女性より男性の選択率が高い。しかし，韓国語ではまったくその反対で，若年層より中・高年層の選択率が高く，男性より女性の選択率が高い。このように，韓国語にも「자기 caki」の対称詞的な用法は存在するが，その使用層においては日本語での「自分」と異なる様相を見せているのである。

　なお，韓国語で注目すべきなのは，4位の「指示詞」と5位の「その他」の選択率が日本語に比べて高いことである[8]。日本語では「指示詞」という回答がわずか0.25％であるため5位の「その他」に含まれているが，韓国語では6.0％の高い選択率になっている。表11の年下兄弟に対する対称詞使用の結果でも，日本語では「指示詞」という回答が1例もなかったのに対し，韓国語では少数ではあるが見られていた。つまり，日本語に比べて韓国語のほうで，同年代や年下の人に対する対称詞として指示詞がよく使われているといえる。

　さらに，韓国語で「その他」という回答が8.8％もあるのは，この中に「定記述」5.7％が含まれているからである。韓国語では，実の兄弟でない相手にも「お兄さん」「お姉さん」のような定記述類が違和感なく用いられる。同年代の相手でも，わずかな年齢差によって定記述を対称詞として用いることが社会的に定着しているのである。ここに韓国語での人称詞の使用実態の特性を見ることができる。

　一方，日本語でこのような傾向はほとんど見られない。一般に同年代の人に対する対称詞としては年齢差に関係なく名前が多く用いられる。結果的に，これが日本語での「名前」の高選択率につながっていると考えられる。

　つぎに，表16で年上の知人に対する対称詞使用について考察する。

8　ここでの「指示詞」は，「そちら」に当たる「그쪽 kuccok」が大半である。

表16 日本語と韓国語での年上の知人に対する対称詞使用

国別＼順位		1	2	3	4	5
日本		名前 70.6%	対称代名詞 20.2%	定記述 4.9%	指示詞 2.0%	その他 2.3%
男性	若年層	65.0	24.1	7.3	1.5	2.1
	中年層	76.5	17.6	4.4	0.0	1.5
	高年層	52.8	36.1	5.6	0.0	5.5
女性	若年層	74.4	10.9	8.1	2.8	3.8
	中年層	93.1	1.4	1.4	2.8	1.3
	高年層	61.9	31.0	2.4	4.8	-0.1
韓国		定記述 72.05%	名前 13.95%	本人 3.9%	対称代名詞 3.7%	その他 6.4%
男性	若年層	75.4	9.8	4.9	6.6	3.3
	中年層	68.9	19.7	6.6	1.6	3.2
	高年層	72.7	9.1	9.1	9.1	0.0
女性	若年層	60.1	23.7	1.7	1.7	12.8
	中年層	66.3	21.4	1.0	3.1	8.2
	高年層	88.9	0.0	0.0	0.0	11.1

　日本語では，「名前」が1位，「対称代名詞」が2位になっており，表15の同年代の知人に対する対称詞使用の結果と同じである。しかし，その割合にはかなりの差が見られ，表15に比べると「対称代名詞」の選択率が低く，その分「名前」の選択率が高い。つまり，同年代の知人には対称代名詞で指示していた人でも，自分よりかなり年上の知人になると対称代名詞は使いにくくなり，その代わりに名前を用いるということが予想される。なお，表15でほとんど見られなかった「定記述」という回答が4.9%見られていることにも同じような理由が考えられる。このように，同年代の知人に対する対称詞使用の結果に比べて「対称代名詞」の使用が減っていることから，日本語では年上の知人に対して幅広く使える対称代名詞が少ないということがわかる。

　一方，韓国語では，表15の同年代の知人に対する対称詞使用の結果とはまったく異なる様相を見せており，表15で58.7%の選択率で1位であった「対称代名詞」が3.7%しかない。その代わり「定記述」という回答が72.05%を占めており，ここでも人称詞使用における韓国語独特の実態がうかがえる。すなわち，家族でなくても年上の人には定記述を頻繁に用いて，年齢上の上下関係を明確にしようとするのである。

　なお，表15に比べて「対称代名詞」の選択率が非常に低いことから，日本語

と同じく，実際の言語生活の中で年上の人に対して差し障りなく使える対称代名詞が少ないという現状が現れている。さらに，この傾向は日本語に比べて韓国語のほうでより顕著である。今までの調査結果の中で韓国語では，父親に対する対称詞使用を除いて常に人称代名詞が高選択率を占めていたことを考えると，表16の結果では，韓国語での年上の人に対する対称代名詞の使用の困難さが浮き彫りになったと考えられる。さらに，「名前」の選択率も同年代の知人に比べて若干低くなっており，年上の人を名前で指示することは失礼だという意識がうかがえる。

　以上，知人に対する対称詞使用について考察を行った。ここからは，知人に対する自称詞使用について考察を行う。以下の表17が同年代の知人，表18がかなり年上の知人に対する分析結果である。

表17 日本語と韓国語での同年代の知人に対する自称詞使用

国別 ＼ 順位		1	2	3	4
日本		自称代名詞 91.4%	名前 3.2%	自分 3.0%	その他 2.4%
男性	若年層	94.9	0.0	3.6	1.5
	中年層	88.2	1.5	5.9	4.4
	高年層	94.4	0.0	5.6	0.0
女性	若年層	83.4	11.4	0.5	4.7
	中年層	97.2	1.4	0.0	1.4
	高年層	90.5	4.8	2.4	2.3
韓国		自称代名詞 97.8%	指示詞 0.8%	名前 0.65%	その他 0.75%
男性	若年層	98.4	0.0	0.0	1.6
	中年層	93.4	3.3	3.3	0.0
	高年層	100.0	0.0	0.0	0.0
女性	若年層	97.1	0.6	0.6	1.7
	中年層	98.0	1.0	0.0	1.0
	高年層	100.0	0.0	0.0	0.0

表18 日本語と韓国語での年上の知人に対する自称詞使用

国別＼順位		1	2	3	4
日本		自称代名詞 90.3%	自分 5.6%	名前 0.95%	その他 3.15%
男性	若年層	83.2	14.6	0.0	2.2
	中年層	88.2	5.9	0.0	5.9
	高年層	88.9	8.3	0.0	2.8
女性	若年層	91.5	3.3	3.3	1.9
	中年層	97.2	.4	0.0	2.4
	高年層	92.9	0.0	2.4	4.7
韓国		自称代名詞 95.1%	不使用 0.3%	その他 4.6%	
男性	若年層	96.7	1.6	1.6	
	中年層	98.4	0.0	1.6	
	高年層	90.9	0.0	9.1	
女性	若年層	97.7	0.0	2.3	
	中年層	98.0	0.0	2.0	
	高年層	88.9	0.0	11.1	

　３．１での家族に対する自称詞使用の結果と同じく，両言語ともに「自称代名詞」が１位であることに変わりはない。日本語での人称代名詞の選択率より，韓国語での選択率のほうが高い傾向も，家族に対する結果と同様である。

　ここで，日本語の結果で注目したいのは，家族に対する結果に比べて，「自称代名詞」の選択率が高く「名前」の選択率が低いことである。これは，同年代の知人，かなり年上の知人の両方の結果に同じく現れている。この結果から，自分のことを名前で指すのは家族をはじめ非常に身近な関係の相手に限られ，家族より心理的に遠い関係にある知人には自称代名詞を用いるということが推測できる。

　一方，韓国語では，家族に対する自称詞使用の結果とそれほど変わりはなく，ほとんどすべての回答が「自称代名詞」に集中している。自分より年上の知人に対する結果で「その他」の選択率が4.6％とかなり高いのは，不使用という意味での「空欄」が多数含まれているからだと考えられる。つまり，自分よりかなり年上の知人にはできるだけ人称詞の使用を避けようとする傾向があるのではないかと予想される。これは，表16の年上の知人に対する対称詞使用で，「その他」の選択率が6.4％と高かったこととも関係している。

3.3 初対面の人に対する人称詞使用

　3.1での家族に対する人称詞，3.2での知人に対する人称詞に続いて，初対面の人に対する人称詞の使用について考察する。前述したように，本節では聞き手を親疎関係の程度によって3分類しているが，ここではもっとも親密度が低いと思われる聞き手として初対面の人を想定した。具体的な聞き手としては，年齢差を考慮して「子ども」と「自分よりかなり年上の人」の2ケースを取りあげた。なお，3.1と3.2の場合と同じく分析内容を対称詞と自称詞に分けて考察を行う。

　まず，表19で初対面の子どもに対する対称詞使用について見てみよう。

表19 日本語と韓国語での初対面の子どもに対する対称詞使用

国別 ＼ 順位		1	2	3	4	5
日本		対称代名詞 42.7%	ぼく 35.6%	定記述 9.2%	名前 9.0%	その他 3.5%
男性	若年層	59.1	19.0	2.9	13.1	5.9
	中年層	35.3	39.7	7.4	17.6	0.0
	高年層	47.2	27.8	19.4	0.0	5.6
女性	若年層	42.7	38.9	1.9	10.0	6.5
	中年層	29.2	50.0	6.9	11.1	2.8
	高年層	42.9	38.1	16.7	2.4	-0.1
韓国		対称代名詞 82.4%	定記述 8.2%	名前 4.15%	不使用 2.5%	その他 2.75%
男性	若年層	86.9	6.6	1.6	1.6	3.3
	中年層	86.9	6.6	3.3	1.6	1.6
	高年層	90.9	0.0	9.1	0.0	0.0
女性	若年層	79.2	9.8	5.8	0.6	4.6
	中年層	83.7	4.1	5.1	0.0	7.1
	高年層	66.7	22.2	0.0	11.1	0.0

　両言語ともに「対称代名詞」が1位であるが，日本語より韓国語での選択率が非常に高い。これには，日本語で2位に上がっている「ぼく」の影響が大きいと判断できる。対称詞として用いられる「ぼく」は，日本語特有の言い回しである[9]。よって，日本語での「ぼく」の選択率の多くが，韓国語では「対称代

9　第3章の3.4で，韓国語の複数形自称詞「우리 uli」が，「ぼく」の聞き手の抱合的視点の用法と同じような役割をすることを述べた。しかし，これはあくまでも人称詞に前接する連体修飾語としての用法であって，人称詞そのものの用法ではない。また，その使用場面においても，中年層以上の話し手によって限られた場面で用いられる語であって，日

名詞」に吸収されていると予想される。

　つぎに，「定記述」の選択率を見ると，日本語では9.2％，韓国語では8.2％で，日本語で若干高い割合を見せている [10]。年上の人に対する対称詞使用においては，韓国語の「定記述」の選択率が日本語に比べて非常に高かったが，子どもに対する「定記述」の選択率は日本語より低い結果となっている。よって，韓国語での定記述の使用は，高めるべき相手に対する婉曲的指示の意味を強く持ち，主に待遇的役割を果たしていると推測される。

　さらに，「名前」という回答は日本語で9.0％，韓国語で4.15％であり，３．１と３．２での調査結果とほぼ同じく，日本語でより高い選択率を見せている [11]。

　つぎに，表20で初対面の年上の人に対する対称詞使用について考察する。

表20 日本語と韓国語での初対面の年上の人に対する対称詞使用

国別 ＼ 順位		1	2	3	4	5
日本		対称代名詞 50.9%	名前 17.5%	指示詞 15.0%	定記述 9.0%	その他 7.6%
男性	若年層	43.8	22.6	17.5	6.6	9.5
	中年層	29.4	29.4	13.2	20.6	7.4
	高年層	75.0	5.6	8.3	11.1	0.0
女性	若年層	43.1	15.2	20.4	10.0	11.3
	中年層	40.3	18.1	23.6	5.6	12.4
	高年層	73.8	14.3	7.1	0.0	4.8
韓国		定記述 82.6%	不使用 5.25%	指示詞 4.5%	名前 4.3%	その他 3.35%
男性	若年層	70.5	4.9	9.8	8.2	6.6
	中年層	85.2	3.3	0.0	6.6	4.9
	高年層	100.0	0.0	0.0	0.0	0.0
女性	若年層	67.1	4.0	17.3	6.9	4.7
	中年層	83.7	8.2	0.0	4.1	4.0
	高年層	88.9	11.1	0.0	0.0	0.0

　　本語での子どもに対して使われる対称詞「ぼく」のように，広い年齢層で用いられるものではない。

10　ここでの定記述類は，日本語の「坊や」「お嬢さん」，韓国語の「꼬마 kkoma（ちびっ子）」「학생 haksayng（学生）」などである。

11　「初対面の人」と聞き手を限定しているが，「名前を知らない人」とは明記していないため，「名前」という回答もかなり見られている。人によっては，聞き手の名前を知らないと判断し，意図的に「名前」という回答を避けた被験者も少なくないと思われる。調査票にあえて「名前を知らない」という条件を加えなかった理由は，被験者に負担をかけずに，できるだけ自然な状態で考えつく答えを記入してもらうためであった。

114

　日本語では「対称代名詞」が 50.9％で 1 位，韓国語では「定記述」が 82.6％
で 1 位であり，韓国語での定記述類の待遇的役割が証明される結果となってい
る。韓国語で「対称代名詞」という回答がまったく見られないことも，このよ
うな特徴を反映していると考えられる。日本語での「定記述」という回答は 9.0％
であり，韓国語との選択率の差は大きい。さらに，日本語では「名前」という
回答が 17.5％見られているが，韓国語では 4.3％しか見られず，これもまた，3.
1 と 3.2 での調査結果とほぼ同じ傾向である。韓国語では，年上の人を対称代
名詞や名前で指示することは不適切だという意識が日本語に比べて強いことが
わかる。

　また，韓国語では「不使用」が 5.25％で 2 位になっているが，日本語でも「不
使用」は 6.1％見られ，韓国語より高い選択率である。日本語で「その他」の選
択率が高いのは，この「不使用」の割合の影響である。このように，両言語と
もに 3.1 と 3.2 での調査結果に比べて「不使用」の選択率が高いことから，
初対面の年上の人，つまり，もっとも心理的に距離を感じる人に対する適切な
対称詞が少ないという面で，両言語は共通していることがわかる。

　以上，初対面の人に対する対称詞使用について考察を行った。ここからは，
初対面の人に対する自称詞使用について考察を行う。以下の表 21 が初対面の子
ども，表 22 が初対面の年上の人に対する分析結果である。

表 21 日本語と韓国語での初対面の子どもに対する自称詞使用

国別＼順位		1	2	3	4
日本		自称代名詞 49.4％	定記述 45.5％	自分 1.0％	その他 4.1％
男性	若年層	70.1	21.9	4.4	3.6
	中年層	44.1	47.1	1.5	7.3
	高年層	33.3	63.9	0.0	2.8
女性	若年層	62.6	33.6	0.0	3.8
	中年層	52.8	44.4	0.0	2.8
	高年層	33.3	61.9	0.0	4.8
韓国		自称代名詞 68.8％	定記述 28.7％	名前 0.3％	その他 2.2％
男性	若年層	68.9	31.1	0.0	0.0
	中年層	75.4	24.6	0.0	0.0
	高年層	72.7	27.3	0.0	0.0
女性	若年層	63.0	35.3	0.6	1.1
	中年層	66.3	31.6	1.0	1.1
	高年層	66.7	22.2	0.0	11.1

表 22 日本語と韓国語での初対面の年上の人に対する自称詞使用

国別＼順位		1	2	3	4
日本		自称代名詞 90.2%	自分 5.2%	指示詞 0.6%	その他 4.0%
男性	若年層	81.0	16.1	0.0	2.9
	中年層	85.3	7.4	0.0	7.3
	高年層	91.7	2.8	2.8	2.7
女性	若年層	94.3	2.4	0.9	2.4
	中年層	98.6	0.0	0.0	1.4
	高年層	90.5	2.4	0.0	7.1
韓国		自称代名詞 93.7%	指示詞 0.65%	その他 4.65%	
男性	若年層	100.0	0.0	0.0	
	中年層	93.4	3.3	3.3	
	高年層	100.0	0.0	0.0	
女性	若年層	97.1	0.6	2.3	
	中年層	93.9	0.0	6.1	
	高年層	77.8	0.0	22.2	

　表 21 と表 22 を比較してみると，まず明確な違いは「自称代名詞」の選択率である。子どもに対する「自称代名詞」の選択率より，年上の人に対する「自称代名詞」の選択率がはるかに高い。これは，子どもに対する「定記述」の選択率が，年上の人の場合「自称代名詞」として吸収されていることを意味する。年上の人に対する発話で自分のことを指す定記述が考えられないことから，当然の結果である。

　なお，表 21 の初対面の子どもに対する自称詞使用において，両言語の結果を比べてみると，3．1 と 3．2 での調査結果の傾向と変わりはなく，日本語より韓国語で「自称代名詞」の選択率が高い。その代わり，日本語では「定記述」の選択率が高い結果となっている。韓国語での自称代名詞の使用頻度の高さを証明している結果ではあるが，家族や知人に対する自称詞使用の結果での選択率に比べてその割合がもっとも低いことから，子どもという聞き手の特性が強く意識されたと思われる。

４．場面による日本語と韓国語の人称詞使用

４．１　自称詞の待遇度

　韓国語では日本語に比べて自称代名詞の種類が少なく，待遇度によって大きく「나 na（わたし）」と「저 ce（わたくし）」に分けることができる。この中で「나 na」のほうは，インフォーマルな場面で主に用いられる形式であるが，日本語の「ぼく」と「おれ」のような細かい使い分けは存在しない。よって，ここでは同じ場面での「ぼく」と「나 na」を比べることで，お互いの待遇度における位置づけを明確にしたいと考える。

　意識調査では，結婚披露宴で新郎の友人がスピーチをする場面を想定し，スピーチの中で用いられる「ぼく」と「나 na」についての容認度を調べた。以下の日本語版の［場面18］と韓国語版の［장면9］がその項目である。

【日本語版】

　　［場面18］結婚披露宴で新郎の友達代表（男性）がスピーチするとき，自分のことを「ぼく」という。

　　　例）ぼくが初めて彼に会ったのは…

【韓国語版】

　　［장면9］결혼식에서 사회를 보게 된 신랑의 친구가 자기 소개를 할 때 "나"라고 말한다.

　　　예）나는 신랑 김창호군의 대학 동창으로서 ...

　この項目での調査は２．４での［장면12］と同じく，場面内容に対する容認度を４つの選択肢の中から選んでもらう方式で行った。選択肢は，（１）まったく違和感がない，（２）それほどの違和感はない，（３）若干違和感がある，（４）非常に違和感がある，の４段階であるが，ここでは便宜上（１）と（２）を合わせて「違和感がない」，（３）と（４）を合わせて「違和感がある」にまとめた。結果を表23に示す。

表 23 日本語と韓国語の自称詞の待遇度に対する容認度

被験者の属性			違和感がない		違和感がある	
			％	人数	％	人数
日本	男性	若年層	66.9	91	33.1	45
		中年層	58.8	40	41.2	28
		高年層	55.6	20	44.4	16
	女性	若年層	69.0	145	31.0	65
		中年層	73.6	53	26.4	19
		高年層	68.3	28	31.7	13
日本の全体の平均			65.4%		34.6%	
韓国	男性	若年層	3.4	2	96.6	57
		中年層	5.1	3	94.9	56
		高年層	11.1	1	88.9	8
	女性	若年層	5.8	10	94.2	161
		中年層	3.2	3	96.8	92
		高年層	16.7	1	83.3	5
韓国の全体の平均			7.6%		92.5%	

　日本語母語話者の最多回答は「違和感がない」の 65.4％，韓国語母語話者の最多回答は「違和感がある」の 92.5％であり，お互いに反対の結果となった。つまり，韓国語母語話者はこのようなフォーマルな場面で「나 na」を用いることに非常に違和感を持っており，韓国語の「나 na」は，日本語の「ぼく」に比べて待遇度における使用範囲が狭いことが明らかになった。

　なお，違和感があると答えた人により適切だと思えることばを聞いたところ，韓国語母語話者ではほぼ 100％の人が「저 ce（わたくし）」と答えており，「나 na」と「저 ce」の待遇度における使い分けは，日本語の男性自称詞に比べて非常に単純明確であることがわかる。

　一方，日本語では「わたくし」「わたし」「ぼく」「おれ」など，男性が用いる自称詞の種類が多く，表 23 の日本語母語話者の結果でも韓国語母語話者のように顕著な偏りは見られていない。

4．2　複数形自称詞の抱合的視点の用法

　韓国語では自分の家族や所属グループを指す場面でなくても複数形自称詞「우리 wuli」が使われる場合があるが，これについては，すでに第 3 章で「抱合的視点の用法」として述べている。ここでは，このような用法の複数形自称詞「우리 wuli」に対する韓国語母語話者の意識を考察する。

　韓国語版の［장면 8］がその項目である。以下の韓国語版での場面内容の中

118

には日本語訳をつけ加えた。

【韓国語版】
　　[장면 8] 중년 여성이 친하게 지내는 이웃집 아이 수진이에게 "우리 수진이"
　　　라는 표현을 쓴다. (中年の女性が仲良くしている近所の子どものスジン
　　　に「私たちのスジン」という表現を使う。)
　　예) 우리 수진이는 참 착하네. (例) 私たちのスジンは本当に良い子だね。)

　これらの質問に関する分析は 4．1 での調査と同じく,「違和感がある」と「違
和感がない」に分けてまとめた。結果を表 24 に示す。

表 24 韓国語の複数形自称詞の抱合的視点の用法に対する容認度

被験者の属性		違和感がない		違和感がある	
		％	人数	％	人数
男性	若年層	79.7	47	20.3	12
	中年層	93.2	55	6.8	4
	高年層	77.8	7	22.2	2
女性	若年層	91.3	157	8.7	15
	中年層	85.3	81	14.7	14
	高年層	66.7	4	33.3	2
全体の平均		82.3%		17.7%	

　違和感がないという回答が 82.3％で非常に高い割合となっている。この結果
から,複数形自称詞を自分の家族や所属グループでない相手に使うことに対し
て,多くの韓国語母語話者は肯定的であることがわかる。
　なお,表 24 で違和感があると答えた韓国語母語話者に,より適切だと思える
ことばを聞いたところ,すべての回答が「不使用」となっている。ここには,
自分の子どもではないので,単数形,複数形を問わず自称詞は用いないという
意識があると思われる。

5．まとめ
　以上,日本語と韓国語の人称詞について,両言語母語話者を対象にした意識
調査を通して 3 つの観点から分析と考察を行った。
　まず,文要素による人称詞使用についての考察では,つぎの 5 点が明らかに
なった。

（1）日本語母語話者には，授受表現を多く用いる傾向が見られ，このような文中では，できるだけ人称詞を明示しない傾向が強い。

（2）韓国語母語話者は，名乗り表現の文頭に自称詞を明示する傾向が強い。一方，名乗り表現での文形式のパターン化は，自称詞を明示しない日本語母語話者により強く現れる。

（3）韓国語母語話者は，勧誘表現の文頭に複数形自称詞を明示する傾向が強い。これは，韓国語母語話者が，勧誘文のほかに平叙文や疑問文，命令文にも対応できる文末語尾「〜아 / 어요 a/eyo」の使用を好むからだと考えられる。

（4）韓国語母語話者は，複数形自称詞を連体修飾語として用いる傾向が強い。これは，韓国語母語話者が，単数であるべき箇所にも違和感なく複数形自称詞を連体修飾語として用いるからだと考えられる。

（5）日本語母語話者は，再帰代名詞「自分」を多く用いる傾向がある。一方，韓国語母語話者は，再帰代名詞「자기 caki」の代わりに自称代名詞を用いる傾向が強い。

つぎに，聞き手による人称詞使用についての考察では，つぎの2点が明らかになった。

（6）日本語母語話者には，人称詞として「名前」を多く用いる傾向が見られる。一方，韓国語母語話者には，「人称代名詞」をもっとも多く用いる傾向が見られる。

（7）韓国語母語話者は，年上の人に対する対称詞として「定記述」を用いる傾向が強い。一方，日本語母語話者は，このような場面で「定記述」の使用に消極的で，「名前」を用いることで適切な距離感を維持していると考えられる。

また，場面による人称詞使用についての考察では，つぎの2点が明らかになった。

（8）韓国語母語話者が用いる自称詞「나 na」は，日本語母語話者が用いる自称詞「ぼく」に比べて待遇度が低く，フォーマルな場面での使用制限の度合いが高い。

（9）韓国語母語話者は，自分の家族や所属グループでない相手に，複数形自称詞を連体修飾語として用いることに対して違和感が少ない。

第 三 部

人称詞の周辺形式としての複数形接尾辞

第5章
日本語の複数形接尾辞

1．日本語の複数形接尾辞の特徴

　日本語には，もともと数の文法カテゴリがないといわれている。つまり，単数と複数の別によって必ず対称を成す英語の加算名詞などとは違って，日本語は複数で示される内容を接辞などの語彙的な手段で表す[1]。日本語の数概念の特徴について認識をあらためると，複数形接尾辞の研究の意義は大きい。西欧言語での複数という概念と日本語でのそれの違いに関連して，柴田（2000）はつぎのように述べている。

　　日本語の"複数"というのは，英語などの"2以上の数"ではなく，もっと別のことらしい。それは，「まとまらない数」というか，「バラバラに存在するものの数」とでもいうべきことをさすらしい。したがって，これに対する"単数"は「まとまった数」ということになる。
　　(a) 三人のこどもが…／ (b) 三人のこどもたちが…
　　(a) は，何ら違和感を感じさせないが，(b) は，ちょっとひっかかる。何か余分だなという感じがする。英語を下敷にして考えれば，「三人」が複数だから，複数の「たち」を受けて，合わせるのは当然ではないか，ということになるが，日本語ではそうではない。むしろ余計なことはいわないというシステムである。(p.12)

　この思考こそが，西欧言語での数概念とは異なる，日本語での複数の表し方である。日本語の中で複数性を意味する接辞としては，「諸，双，連」などの漢語系，「もろ，がた，ども，たち，ら」などの和語系の接頭辞や接尾辞がある。序章でも若干触れたように，この中で「がた」と「ども」は，「たち」と「ら」

1　これと関連して亀井他（1996）には，「日本語のような言語では，もともと数の文法範疇などはないから問題にならず，数の範疇をもつ言語でいう単数と複数の別，特に複数で示されるような内容は文法的ではなく，語彙的，または他の手段で表現することはできる。(pp.765-766)」という記述が見られる。

に比べると明瞭な特性を持つ。一般に「がた」はほかの複数形接尾辞より高い敬意を含んでいるといわれ，「ども」は謙譲の意味を持つと認識されている。一方，もっとも多く使用される和語の接尾辞「たち」と「ら」は，「がた」と「ども」に比べると待遇度において中立的な性質を持っている。しかし，「たち」と「ら」を実際の使用場面で観察してみると，まったく同様に用いられているわけではないことがわかる。佐竹（1999）は，

　　接尾辞の「ら」は，一般に待遇度が低く，目下には使えるが目上には使えない。「わが家の子どもらは元気にしています」とは言えるが，「先生らはお元気ですか」などと使うことはできない。さらに，ときには「おまえらごときに…」というように，軽蔑や蔑視の意を込めて使われる。(p.21)

と述べている一方で，

　　ところが，新聞記事では，（中略）加害者側も被害者側も「ら」であるし，業績のあった人たちに対しても「ら」が付けられている。「ら」が敬意に関してニュートラルな語であれば，右のような使い方に抵抗はない[2]。しかし，先にも述べたように，「ら」には，軽蔑・蔑視の意が含まれるし，目下の者に使われるという側面がある。なぜ，そうした語が，軽蔑・蔑視に値する対象だけでなく，敬意を示したいような対象にも使われるのであろうか。その点にまず引っかかりを覚える。(p.21)

とも指摘している。すなわち，複数形接尾辞「ら」は「たち」と比較して単純に待遇度が低いという表面的な差があるだけではなく，より複雑な形でかかわっているのである。

　本章では，複数形接尾辞「たち」と「ら」に注目し，発話にかかわるさまざまな条件を考察することによって，両者の使い分けに関与する要因を明らかにしていく。ここでは，「たち」と「ら」の使用における使い分けの条件を，「話し手の属性」と「発話内容」という 2 つの観点から考察する。

2　引用文では「右」になっているが，本書では「上」になる。

（１）話し手の属性における使い分けの条件

　ここで取りあげる使い分けの条件は、「関東・関西」と「男性・女性」である。一般に、全国で使われる語彙といっても、地域によってその詳細には差があり、複数形接尾辞「たち」と「ら」の使用実態にも地域差は現れると考えられる。本調査では、関東と関西を取りあげ、両地域での「たち」と「ら」の使用頻度に差があるか否かを検証する。

　同様に、男性と女性にでも、用いる語彙や文体に差が見られる場合がある。人称詞と「たち」「ら」の関係に注目して、男性専用の自称詞「ぼく」と、女性専用の自称詞「あたし」を比べてみると、この差は著しい。「ぼくら」は「ぼくたち」とともに頻繁に使われる複数形であるが、「あたしら」はそれほど使われず、「あたし」の複数形としてはほとんど「あたしたち」の形が用いられる。よって、本調査では、話し手の性別によって「たち」と「ら」の使用頻度に差があるか否かを検証する。

（２）発話内容における使い分けの条件

　ここで取りあげる使い分けの条件は、「丁寧体・普通体」と「聞き手の包含・非包含」である。複数形接尾辞が人称詞に後接するとき、「ら」は「たち」より待遇度の低い語として認識されていて、待遇度の低い人称詞との共起率が高い。当然、この意識は文末形式にも影響するため、「ら」は「たち」に比べて普通体との共起率が高いと考えられる。本調査では、文末形式を丁寧体と普通体に分けて、両者の間で「たち」と「ら」の使用頻度に差があるか否かを検証する。

　自称詞の複数形は、話し手と共に聞き手が含まれる「聞き手の包含」と聞き手が含まれない「聞き手の非包含」というように、その指示対象によって２つに分けることができる。これに関連して、亀井他（1996）にはつぎのような記述がある。

　　１人称複数を具体的には三つの種類に分けることが出来る。それは、「1, 2$^{(+)}$, 3$^{(+)}$」（この形式をＩaと呼ぶ）、「1, 2$^{(+)}$」（Ｉb）、「1, 3$^{(+)}$」（Ｉc）である。この場合、ＩaとＩbを包括的１人称複数（inclusive 'we'）、Ｉcを除外的１人称複数（exclusive 'we'）と呼んで区別する。ただし、前者は包含的１人称複数、後者は排除的１人称複数といわれることもある。この二つの１人称複数の違いはその名称が表すように、１人称のグループに「聞き手（=2$^{(+)}$）を含めるか否か」にある。(p.726)

　つまり，ここでいう包括的 1 人称複数（inclusive 'we'）が聞き手を含む複数形で，除外的 1 人称複数（exclusive 'we'）が聞き手を含まない複数形である。なお，亀井他（編）（1996）では，包括的（inclusive）・除外的（exclusive）の区別をしないものとして，英語の we，ドイツ語の wir，フランス語の nous や日本語の「わたしたち」などがあげられている。もちろん，日本語の「たち」と「ら」には，中国語やインドネシア語などのように，対称的な形式として明確な包括的（inclusive）・除外的（exclusive）の区別はない。しかしながら，本章ではこのような区別が心理的機能として「たち」と「ら」の使い分けにも作用しているのではないかという仮説のもとで論を進めていく。

　日本語では，琉球方言での複数形自称詞が「聞き手の包含・非包含」によって使い分けられるといわれているが，これは複数形接尾辞とは直接的な関連はない。しかしながら，伊豆山（1992）には，琉球方言の中での複数形自称詞の使い分けについて，従来のほかの論考ではあまり見られなかった意見が見られる。一般に琉球方言での複数形自称詞は「聞き手の包含・非包含」によって使い分けられるといわれているが，この論考では，単なる「聞き手の包含・非包含」という表面的な条件だけではなく，聞き手との親密感を意識・強調するか否かの問題が，使い分けに強くかかわっていると述べられている。このような心理的機能にもとづいた見解は，本研究での「たち」と「ら」の考察における論点に相通じるところがある。これに関しては，3.1 で詳しく述べる。

　本調査では，以上のような聞き手包含・非包含の区別によって，「たち」と「ら」の使用頻度に差があるか否かを検証する。

2．映画シナリオ分析による「たち」と「ら」の使い分け [3]
2.1　調査の概要

　まず，分析対象について触れておこう。本研究では，あくまでも複数形接尾辞を人称詞の周辺形式として扱っているため，「たち」と「ら」が人称詞に後接する場合に限って考察を行う。しかし，本章では，人称詞の中でも定記述類や固有名詞，人名詞などは分析対象から除外し，自称代名詞と対称代名詞に「たち」と「ら」が後接している形式のみを分析対象とする。これには 2 つの理由がある。

3　本節の内容は，鄭（2001）に別途まとめられているのであわせてご参照されたい。

　1つ目は，人称詞の中でも定記述や固有名詞の複数形は，それが対称詞として用いられる場合，対称代名詞とは異なる複数形の意味解釈を持つということである[4]。これに関しては第6章で詳しく考察していくため，本章では分析対象から省くことにする。

　2つ目の理由は，人名詞は人称代名詞とは違って複数性の表示において制約を受けないということである[5]。たとえば，「あなた」という人称代名詞はひとりの「あなた」を表すだけであり，複数を表すためには「あなたたち」という形式が必要となるが，「子ども」という名詞は，ひとりの子どもでも複数の子どもでも表すことができる。このように，人称代名詞は常に単数性を持つ形態と複数性を持つ形態が対称的に存在しているのに対し，人名詞はそうではない。したがって，複数形接尾辞「たち」と「ら」の考察においても，「自称・対称代名詞＋たち」「自称・対称代名詞＋ら」の形式を最優先しなければならないと考えられる。

　ただし，本調査では，「彼ら」「彼女たち」のような他称詞は調査対象から除外している。その理由は，まず他称詞には「彼ら」「あいつら」「やつら」など，「たち」と「ら」の選択の可能性がない形式がほとんどだからである。なお，日本語の他称詞は西欧言語の三人称代名詞とは違って，人名詞としての役割を多く持つからである[6]。

　つぎに，分析資料について触れておく。本調査では，1990年から1999年にかけて映画化された日本の映画シナリオの中から53作品を選んで資料として使

4　これに関連して，田窪 (1997) につぎのような記述が見られる。「固有名詞や定記述に「たち」をつけたものは，対称詞としては機能しない。この場合の「たち」の解釈は，それがついた固有名詞の指示対象を代表とするグループを表し，その定記述や固有名詞の複数形を表すものではない。(中略) したがって，「固有名詞＋たち」は，相手を直接話しかける文体では対称詞として，機能しにくい。(中略) 複数の固有名詞を文内対称詞にするには対象を数え上げる必要がある。(中略) あるいは，「みなさん」のような，最初からグループを指す名詞を対称詞として使用する必要がある。(pp.17-18)」

5　仁田 (1997) は，人称代名詞と他名詞との数概念の表示の違いについて，「人称代名詞は，それ以外の名詞と異なって，既に不可避的に〈数〉の指定を帯びて存在している。(中略) 日本語名詞の，数概念の表示のあり方・指示対象の数的異なりに対する感応のし方に対して，【人称代名詞＞その他の名詞】といった階層関係の存在が，観察される。(p.114)」と述べている。

6　日本語の他称詞は，話し手と聞き手の間の関係とは次元の異なるものであり，複数性を論ずるにあたって自称・対称詞とは感応のあり方が若干変わってくる。今回の調査が人称詞の複数性の特徴に注目しているだけに，他称詞は調査対象から除く必要があると考えた。

用した[7]。映画シナリオを資料として選んだのは，自然会話に近い大量の資料が必要だと判断したからである。

　もちろん，シナリオは，完成品としての映像物を観客に見てもらい，感動を引き起こすことを目的としている媒体である。したがって，効果を倍増させるために，大袈裟な表現や極端なシチュエーションを想定する場合があり，シナリオでのことばづかいと現実社会でのことばづかいがまったく一致するとは限らない。しかし，現実社会を反映しやすい映画シナリオは，「近似的かつ間接的な」調査の対象として有効な資料であると考えられる。53作品の選択の基準としては，以下の3点を考慮した。

　1つ目の選択基準として，シナリオの中で使われている文体を尺度にし，地域的に「関東」か「関西」のどちらかの作品を選んだ。これには，2つの理由がある。まず，本調査でもっとも注目している考察項目が地域による差であり，とりわけ，関西での「たち」と「ら」の使用実態は特徴的であると考えられるからである。つぎに，今回取りあげた資料の中から，数量的な裏づけが可能で，明確な対比ができるのが「関東」と「関西」であったということである。分析作品の中には，そのほかの地域方言で発話している例もいくつか見られたが，それらの発話は集計対象から除外した。

　2つ目の選択基準としては，時代的に現代の作品を選んだ。これは，本調査が，通時的な観点を排除した，現代日本語の中での共時的な観点による考察を目的としているからである。よって，大正以前を背景とした作品や，明確に時代が把握できないアニメーションなどの作品は資料として適切でないので省いた。資料の中には，登場人物の成長過程を描いているなど，過去と現在が混在している作品も少数あったが，その場合でも最古の時代が昭和以後である作品だけを選択した。

　3つ目の選択基準としては，登場人物における年齢層や職業，人物間の関係が多様であることを考慮した。人物間の親疎関係はもちろん，性別による違いも注目している項目であるため，女性性を持つ男性などの中性的なキャラクターの人物や外国人の会話など，独特な発話であることを意図的に示している例は除外した。本調査で使用した作品は表1のとおりである。

7　シナリオ作家協会（編）『年鑑代表シナリオ集』（映人社）。1990年版より1999年版までの10冊を資料とし，収録されている100作品のうち，53作品を使用した。

128

表1 作品一覧 [8]

（『映画題名』, 脚本, 上映年）

『宇宙の法則』, 井筒和幸, 1990	『渚のシンドバッド』, 橋口亮輔, 1995
『さわこの恋』, 斎藤博, 1990	『Love Letter』, 岩井俊二, 1995
『バタアシ金魚』, 松岡錠司, 1990	『お日柄もよく ご愁傷さま』, 布勢博一, 1996
『病院へ行こう』, 一色伸幸, 1990	『岸和田少年愚連隊』, 鄭義信, 1996
『おもひでぽろぽろ』, 高畑勲, 1991	『キッズ・リターン』, 北野武, 1996
『12人の優しい日本人』, 三谷幸喜, 1991	『Shall we ダンス？』, 周防正行, 1996
『大誘拐/RAINBOW KIDS』, 岡本喜八, 1991	『新・居酒屋ゆうれい』, 田中陽造, 1996
『ふたり』, 桂千穂, 1991	『MIDORI』, 斎藤久志・小川智子, 1996
『らせんの素描』, 小島康史, 1991	『〔Focus〕』, 新和男, 1996
『ありふれた愛に関する調査』, 荒井晴彦, 1992	『ロマンス』, 長崎俊一, 1996
『おこげ OKOGE』, 中島丈博, 1992	『うなぎ』, 富川元文 他, 1997
『きらきらひかる』, 松岡錠司, 1992	『鬼火』, 森岡利行, 1997
『シコふんじゃった』, 周防正行, 1992	『傷だらけの天使』, 丸山昇一, 1997
『お引っ越し』奥寺佐渡子・小此木聡, 1993	『夏時間の大人たち』, 中島哲也, 1997
『ゲンセンカン主人』, 石井輝男, 1993	『ポストマン・ブルース』, サブ, 1997
『月はどっちに出ている』, 崔洋一・鄭義信, 1993	『愛を乞う人』, 鄭義信, 1998
『ひき逃げファミリー』, 水谷俊之・砂本量, 1993	『一生遊んで暮らしたい』, 我妻正義, 1998
『病院で死ぬということ』, 市川準, 1993	『学校III』, 山田洋次・朝間義隆, 1998
『居酒屋ゆうれい』, 田中陽造, 1994	『絆―きずな』, 荒井晴彦, 1998
『119』, 筒井ともみ 他, 1994	『フレンチドレッシング』, 斎藤久志, 1998
『ヌードの夜』, 石井隆, 1994	『大阪物語』, 犬童一心, 1999
『800 TWO LAP RUNNERS』, 加藤正人, 1994	『39 刑法第三十九条』, 大森寿美男, 1999
『棒の哀しみ』, 神代辰巳・伊藤秀裕, 1994	『あ, 春』, 中島丈博, 1999
『あした』, 桂千穂, 1995	『学校の怪談4』, 奥寺佐渡子, 1999
『学校の怪談』, 奥寺佐渡子, 1995	『皆月』, 荒井晴彦, 1999
『カナカナ』, 大嶋拓, 1995	『コキーユ～貝殻』, 山田耕大, 1999
『KAMIKAZE TAXI』, 原田真人, 1995	

　上記の映画シナリオ53作品の中から集計した,「自称・対称代名詞＋たち」と「自称・対称代名詞＋ら」の形式458例を人称詞別にまとめたのが表2である。なお, 図1は「たち」「ら」と各人称詞がどのように共起しているのかをより明確に示すために, 表2の結果を百分率のグラフにしたものである。

8　『映画題名』中のゴシック部分は, 本書で用例を取りあげる際の略号である。

表2　人称詞別「たち」と「ら」の出現頻度

	たち	ら	合計
おれ	78	19	97
わたし	69	3	72
ぼく	13	15	28
あたし	22	4	26
わし	0	7	7
うち	0	5	5
おまえ	32	79	111
あんた	26	19	45
きみ	24	2	26
あなた	22	0	22
てめえ	0	16	16
おたく	2	1	3
合計	288	170	458

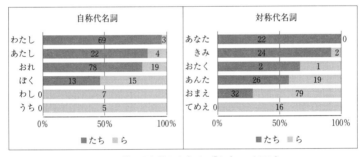

図1　人称詞別「たち」と「ら」の出現率

　図1を見ると，人称詞と複数形接尾辞「たち」「ら」との関係が明確に見えて
くる。自称詞の「わし」「うち」と対称詞の「てめえ」には「たち」が後接する
例が1例も見られず，「あなた」には「ら」が後接する例がまったくない。この
ように，人称詞によっては，必ずしも「たち」と「ら」の両方ともが後接でき
るわけではない。

　「わたし」と「あたし」，「おれ」の場合，「ら」が後接する例がまったくない
わけではないが，非常に高い割合で「たち」が使用されており，この結果から
も人称詞の種類と複数形接尾辞「たち」「ら」が深い関連を持っていることがわ
かる。

　また，男性専用の自称詞といわれる「ぼく」と「おれ」を対比してみよう。

130

図1の結果によれば，「ぼく」の複数形は「たち」が46.4％，「ら」が53.6％で，「ら」の出現率が若干高いのに比べ，「おれ」の複数形は「たち」が80.4％，「ら」が19.6％であり，「ら」より「たち」のほうが多く使われている。

　一般に，「おれ」は「ぼく」より待遇度が低いと認識されている。なお，複数形接尾辞「ら」は「軽蔑・蔑視」の意を多く含み，「たち」より待遇度が低いといわれている。しかし，本調査から見ると，「おれ」より「ぼく」のほうが複数形接尾辞「ら」と共起しやすいという結果になっている。このように，人称詞と複数形接尾辞「たち」と「ら」をお互いに照らし合わせることによって，今までの意識とは異なる一面を見ることができる。

　以上，人称詞と「たち」と「ら」の関係を全体的な数値の面から述べた。ここからは，第1節で提示した条件と「たち」「ら」の使い分けの関係について，映画シナリオの分析結果にもとづいて具体的に考察していく。ここの統計的分析では，出現頻度と容認度の数値を示すだけでなく，同時に2つの変数間での関連の有無を判断するために多く用いられるχ^2検定を行うことで，分析結果に対してより客観的で高い信頼性が得られるように努めた。

２.２　関東・関西による使い分け

　地域を「関東」と「関西」とに二分して，人称詞とそれに後接する「たち」と「ら」の関係を考察すると，両者の間にはさまざまな違いが見えてくる。

　まず，関西方言の性格が強い「うち」や「わし」などの複数形にはすべて「ら」が後接し，「たち」は後接できない[9]。また，対称詞「あんた」に後接する複数形接尾辞も，関西では「たち」より「ら」のほうが多用されると考えられる。さらに，女性が主に用いる自称詞「わたし」では，「わたしら」という形式に違和感を覚える人が多いようだが，関西地域では必ずしもそうではなく，よく耳にする形である。

　このような地域の違いに焦点を当て，関東と関西での「たち」と「ら」の出現率を調べた。資料の中で，「自称・対称代名詞＋たち」「自称・対称代名詞＋ら」の形式を含む発話が関東方言であれば「関東」，関西方言であれば「関西」というふうに分けた。図2は，「たち」と「ら」の総出現頻度を，「関東・関西」別

9　「うち」は関西を中心として主に女性の間で使われる人称詞であり，「わし」の場合も，今回の映画シナリオの分析結果によれば，老年層を除外するとほとんど関西方言とともに使われている。

に百分率として示したものである。ちなみに，グラフの横軸のデータラベルに示された数値は出現頻度を表しており，他のグラフにおいても同様である。

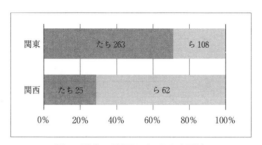

図2 関東・関西における出現率

この数値を見ると，関東では「たち」の出現率が70.9％，「ら」の出現率が29.1％であるのに対し，関西では「たち」28.7％，「ら」71.3％であり，関西方言は複数形接尾辞「ら」と結びつきやすいということがわかる。この結果は，χ^2検定により0.1％水準で有意差が認められた（$\chi^2_{(1)}=53.653$, p<.001）。

以上のことから，関東では「たち」，関西では「ら」の使用頻度が高いということが明らかになった。続いて，この結果をさらに人称詞別に分けて数値化した表3をもとに詳しく考察してみよう。

表3 関東・関西における人称詞別出現頻度

	関東		関西	
	たち	ら	たち	ら
おれ	66	7	12	12
わたし	68	2	1	1
ぼく	12	9	1	6
あたし	22	0	0	4
わし	0	0	0	7
うち	0	1	0	4
おまえ	27	64	5	15
あんた	24	8	2	11
きみ	22	1	2	1
あなた	20	0	2	0
てめえ	0	16	0	0
おたく	2	0	0	1
合計	263	108	25	62

　本調査で地域による差がもっとも大きい人称詞は「わたし」と「おれ」である。関西ではわずかながら「わたしたち」と「わたしら」が同数の頻度であるが，関東では「わたしたち」の出現率が圧倒的に高く，97.1％を占めている。「おれ」の場合も同様で，関西では「おれたち」と「おれら」が同数の頻度であるのに対し，関東では「おれたち」が90.4％，「おれら」が9.6％で出現率の差が大きい。

　これに関連する例をあげると，つぎのとおりである。

　（1）いいか，よく聞いてくれ。俺達はしばらく会えなくなる。　　　［金魚］

　（2）ひょっとして俺らは今，ものすごいことやってんちゃうか。　　［少年］

　（1）は関東方言の例，（2）は関西方言の例で，両方とも同じ年頃の男子高校生の発話である。登場人物の年齢や相互の関係が類似しているこの2作品を比較してみても地域による差は明らかである。（1）の作品では「おれ」の複数形の4例がすべて「たち」をともない，（2）の作品では「おれ」の複数形の8例がすべて「ら」をともなっているのである。

　さらに，女性専用の自称詞である「あたし」の複数形は，関東での発話22例すべてが「あたしたち」であり，関西での発話4例すべてが「あたしら」である。以下の例を見てみよう。

　（3）ねぇ。いつまでも一緒よね。あたしたち。　　　　　　　　　　［二人］

　（4）そやけど，あたしらもね，こないしてなりはって，ほんとに良かった
　　　　と思いますわ。　　　　　　　　　　　　　　　　　　　　　　［素描］

　（3）は関東での女子高校生の姉に対する発話で，（4）は関西での中年女性のインタビューでの発話である。関東では姉妹間でのくだけた会話の中で「たち」が用いられているのに対し，関西では丁寧体と一緒に「ら」が用いられている。このような関西での傾向は，佐竹（1999）での「接尾辞の「ら」は，一般に待遇度が低く，目下には使えるが目上には使えない（p.21）」という結論に反する結果である。

　男性専用の自称詞「わし」の場合は「わしら」の形でしか使われないのだが，表3の結果から見ると，関東より関西のほうで集中的に用いられているのがわかる。これに関連する例をあげる。

　（5）ワシ，ここでメシ食わしてもらおうかな。　　　　　　　　　　［逃げ］

　（6）時代を乗り越えようとしてまんねんで，ワシは。わからいでか！これが，
　　　　わしらの契約書や。　　　　　　　　　　　　　　　　　　　　［宇宙］

　（5）は関東方言での発話で話し手は70代の老人であるが，（6）は関西方言

での発話で話し手は20代の若い男性である。このように関東では老人の発話でしか「わし」は使われないが，関西での「わし」の使用層の幅は非常に広い。これに関連しては，第2章の5．2でも触れている。

　以上のように，「たち」と「ら」を人称詞別に考察してみても地域による違いは明らかである。

2．3　男性・女性による使い分け

　日本語は「女性語・男性語」の特徴が著しい言語の1つであり，人称詞の使用においていえば，男性より女性に丁寧なことばづかいが求められている[10]。一方，複数形接尾辞の使用においていえば，「ら」は確かに「たち」より荒い感じを持っていて，丁寧ではないという意識が強い。よって，女性が男性に比べて「ら」の使用を回避する傾向にあると推測するのは難しくない。このような仮説をもとにして，この項目では，総出現頻度を話し手の性別によって二分し，男性と女性の間での「たち」と「ら」の出現率の差を調べた。

　まず，総出現頻度458例から見た「男性・女性による使い分け」の結果を図3に示す。

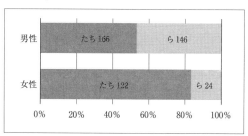

図3　男性・女性における出現率

　具体的な数値としては，男性が「たち」53.2％，「ら」46.8％であり，女性は「たち」83.6％，「ら」16.4％である。この結果は，χ^2検定により0.1％水準で有意差が認められた（$\chi^2_{(1)}=39.268, p<.001$）。

　しかし，2．2での分析結果により，関東と関西での「たち」と「ら」の使用頻度には差が大きいことが明らかになったため，地域を関東と関西に分けて分

10　金丸（1993）は，このような傾向について「人称代名詞は，相手との親疎・上下関係や話題のフォーマリティに従って選択されるが，男性にとってフォーマルで丁寧な人称代名詞を，女性はインフォーマルな場面でも使う傾向にある。(p.109)」と述べている。

134

析を進める必要があると判断した。よって，ここでは地域別の分析結果も一緒に提示する。ただし，関東での出現頻度371例に比べ，関西での出現頻度は87例にすぎなかったため，検定での信頼性を考慮し，主な考察は関東での結果を中心に行う。

まず，関東の結果を図4に示す。

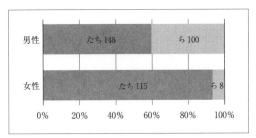

図4 男性・女性における出現率（関東）

男性では「たち」と「ら」の出現率に大きな差がないのに対して，女性では「ら」より「たち」の出現率がかなり高いのがわかる。具体的な数値としては，男性が「たち」59.7％，「ら」40.3％であり，女性は「たち」93.5％，「ら」6.5％である。この結果は，χ^2検定により0.1％水準で有意差が認められた（$\chi^2_{(1)}$=45.568，p<.001）。

以上のことから，関東では，男性が女性に比べ，「ら」の使用頻度が高いということが明らかになった。

一方，関西では，図5のような結果になった。

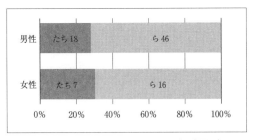

図5 男性・女性における出現率（関西）

男性と女性の間で「たち」と「ら」の出現率に差は見られず（$\chi^2_{(1)}$=0.044，p>.05），男性が「たち」28.1％，「ら」71.9％であり，女性は「たち」30.4％，「ら」69.6％である。関東に比べて女性の「ら」の出現率が非常に高いことがわかる。

　ここで，図4の関東の結果を人称詞別に分け，詳細に考察してみよう。その結果は表4のとおりである。

表4　男性・女性における人称詞別出現頻度（関東）

	男性		女性	
	たち	ら	たち	ら
おれ	66	7	0	0
わたし	13	0	55	2
ぼく	12	9	0	0
あたし	0	0	22	0
うち	0	1	0	0
おまえ	27	63	27	63
あんた	5	5	5	5
きみ	22	1	22	1
あなた	1	0	1	0
てめえ	0	14	0	14
おたく	2	0	2	0
合計	148	100	115	8

　表4の結果を見ると，女性の出現率が高い自称詞は「わたし」と「あたし」であるが，これらには圧倒的に「ら」より「たち」が多用されている。この結果からも女性が男性に比べ，「ら」を回避するという傾向が明らかである。

　（7）オレらは小学校5年から，な。　　　　　　　　　　　　　　　［カナ］

　（8）そのうち，今度はあたしたちが連れてってあげるよ。　　　　　［カナ］

　上記の（7）と（8）は同じ作品での男女高校生の発話である。（7）の発話は，男子生徒が（8）の発話者である女子生徒にいうセリフで，「おれら」を使っている。しかし，ここでの聞き手である女子生徒は（8）のように「あたしたち」を用いている。

　対称詞の出現頻度を見てみよう。全体として「きみ」「おまえ」「てめえ」は男性で，「あなた」「あんた」は女性で高い数値を見せている。その中で「きみ」を除くと，男性によってよく使われる対称詞の複数形には「ら」が，女性によってよく使われる対称詞の複数形には「たち」が主に用いられていることになる。この結果からも「たち」と「ら」の男性・女性による使用頻度の差は明らかである。対称詞に関連する例を以下に示す。

　（9）とぼけるなよ。責任取れよ，お前ら。なんだよ，これ。　　　［病院］

　（10）何もかもなくなって私達一生苦しみ抜いて生きていくことになんのよ
　　　…あなたたち本当にそれ，出来る？　　　　　　　　　　　　　［逃げ］

　（9）は30代の男性が病院に入院して出会ったばかりの人たちに向かってい
うセリフであり，(10) は中年の主婦が自分の子どもに対しているセリフである。
この例を見ると，親疎関係より話し手の性別とそれによる人称詞の種類が，「た
ち」と「ら」の使用頻度に深くかかわっていることがわかる。

２．４　丁寧体・普通体による使い分け

　人称詞の間での待遇度の差は，それに後接する複数形接尾辞にも直接影響す
る。これは，人称詞と複数形接尾辞との待遇度が共起しているためであり，こ
の流れは当然ながら文末形式にも大きく影響すると考えられる。確かに，文末
形式を調べてみると，「ら」が後接しやすい人称詞は丁寧体より普通体との共起
率が高いことがわかる。

　このような意識にもとづき，この項目では「自称・対称代名詞＋たち」「自称・
対称代名詞＋ら」の458例が含まれているすべての発話を，文末形式によって
「丁寧体」と「普通体」に分けて分析を行った。該当発話の文末形式が明確でな
い場合は，前後の文末形式を調べて分類の基準とした。

　まず，総出現頻度458例から見た分析結果を図6に示す。

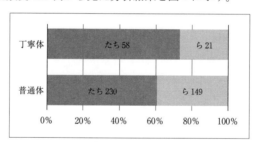

図6　丁寧体・普通体における出現率

　丁寧体，普通体ともに，「ら」より「たち」の出現率が高い。しかし，具体的
な数値としては，丁寧体の発話で「たち」が73.4％，「ら」が26.6％であるのに対し，
普通体の発話では「たち」60.7％，「ら」39.3％であり，丁寧体の発話での「た
ち」の出現率が高い。これはχ^2検定により5％水準で有意差が認められた（$\chi^2_{(1)}$
$=4.540, p<.05$）。

　以上のことから，丁寧体の発話に比べ普通体の発話で，「ら」が使われやすい
ということが明らかになった。以下に，この項目に関連する例をあげる。

　（11）肝心なのは愛情ですわ。<u>わたしたち</u>のできることは見守るだけでしょ
　　　　う？　　　　　　　　　　　　　　　　　　　　　　　　　　　［光る］

　（12）悪かったねぇ！<u>わたしら</u>はね，みっともないことでも何でもやって来
　　　　たから，店だって金だって持てたんだよ。　　　　　　　　　　［月は］

　（11）と（12）を比較すると，前者は結婚したばかりの男女の親同士での発話
で，後者はスナックのママがホステスの女性たちに向かっていうセリフである。
ちなみに，これらと関連してつぎの（13）を見てみよう。

　（13）×月×日，<u>私たち</u>は結婚式をあげます。　　　　　　　　　　　［絆］

　これは 30 代男性の，初対面の年上の男性に対しての発話である。2．3の分
析で，女性より男性の「ら」の使用頻度が高いということが検証された。しか
しながら，「わたしら」の場合は男性より女性での出現率が高く，今回の調査で
集計された「わたしら」4例はすべて女性の発話であった。これには，男性と
女性とでは，文末形式によって用いる自称詞が異なることが関係している。つ
まり，女性は，丁寧体か普通体かという文末形式に関係なく「わたし」をよく使っ
ているが，男性の場合，自称詞として「わたし」を用いるときの文末形式は丁
寧体に限られる[11]。よって，図6で明らかになったように，丁寧体の発話では「ら」
が後接しにくいことから，男性が「わたし」を用いるような場面では「ら」が
使われないのである。

　ところで，「たち」と「ら」の使い分けの条件として「丁寧体・普通体」を取
りあげる際には，2．3の「男性・女性による使い分け」との関連について触れ
ておく必要がある。一般に，日本語では男性より女性のほうがより待遇度の高
い形式を使うと認識されている。したがって，本調査の「男性・女性による使
い分け」と「丁寧体・普通体による使い分け」についての分析結果においても，
女性が男性より丁寧体をよく用いるため，両結果は連動していると考えられる
かもしれない。よって，つぎのような分析を加えた。

　図7は，男性・女性における文末形式の丁寧体・普通体の割合を示している。
つまり，今回分析したデータの中で，女性のほうが男性に比べて丁寧体の文末
形式を多用するかどうかを調べた結果である。

11　これに関しては，小林（1999）での談話資料の分析結果でもつぎのように検証されてい
　　る。「6例と出現頻度は少ないが，（男性が用いる）「わたし」はすべて「です」「ます」と
　　ともに用いられている。（p.125）」また，本書の序章の3．3でも待遇度による男性の自称
　　詞の使用について触れている。

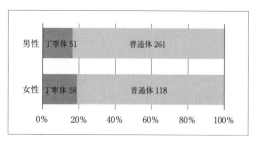

図7 男性・女性における丁寧体・普通体率

　しかし，今回の調査で集計した458例から，そのような傾向は現れていない。男性は丁寧体16.3％，普通体83.7％で，女性は丁寧体19.2％，普通体80.8％であり，割合の差はわずかである。これは，χ^2検定でも有意差は認められず（$\chi^2_{(1)}$=0.559, p>.05），今回のデータに限っていえば，男性と女性の丁寧体・普通体率には差がないと判断できる。したがって，映画シナリオ資料を対象とした本調査での複数形接尾辞「たち」と「ら」の考察においては，「男性・女性による使い分け」と「丁寧体・普通体による使い分け」は独立した条件であると考えられる。

　ただし，丁寧体・普通体の条件は，2．2と2．3での「話し手の属性における使い分けの条件」と違って，ひとりの話し手の中での使い分けの条件である。よって，話し手の属性を固定した分析が必要であると判断し，ここでは，もっとも出現頻度の多かった「関東の男性」に属性を限定して再び分析を行った。図8は「関東の男性」の分析結果である。

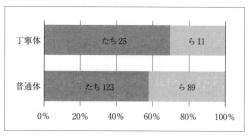

図8 丁寧体・普通体における出現率（関東・男性）

　具体的な数値としては，丁寧体の発話で「たち」が69.4％，「ら」が30.6％であるのに対し，普通体の発話では「たち」58.0％，「ら」42.0％である。数値的には丁寧体の発話での「たち」の出現率が高いが，χ^2検定により5％水準で有

意差は認められなかった（$\chi^2_{(1)} = 1.669, p > .05$）。

　以上の結果から，2.2と2.3で取りあげた，「関東・関西」「男性・女性」という「話し手の属性における使い分けの条件」に比べ，「丁寧体・普通体」という「発話内容における使い分けの条件」の影響力が弱いということがわかる。

2.5　聞き手の包含・非包含による使い分け

　新聞記事などをよく見ると，記事の内容によって「たち」と「ら」が使い分けられていることに気づく。社会欄の地域情報やイベント紹介などには「ら」より「たち」の使用が多く，これは読者を仲間としてひきつけようとする意図の現れではないかと推測される。つまり，このような仲間意識の有・無が，結果的に「たち」と「ら」の使い分けにおいての「聞き手包含・非包含」として現れているのではないかということである。

　まず，「聞き手の包含・非包含」というのは，どのような発話を指しているのか，その具体例を以下に示す。（14）は聞き手包含の例で，（15）は聞き手非包含の例である。

　　（14）だけど，夫婦でしょ，わたしたち。　　　　　　　　　　　　　［日柄］

　　（15）あなた一人でぼくらを説得できますか。　　　　　　　　　　　［12人］

　（14）は夫婦の間で妻が夫に対していうセリフであり，（15）は陪審員になった人たちが決を取る場面で，意見が唯一異なるひとりの男性に向かっての発話である。

　この項目では，上記の例のように自称詞の複数形が表す指示対象に，話し手とともに聞き手が含まれているか否かを調べた。まず，総出現頻度458例のうち，自称詞235例を取り出して分析を行った。その結果を図9に示す。

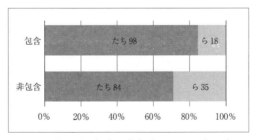

図9　聞き手の包含・非包含における出現率

　この結果から見ると，「聞き手の包含・非包含」によって，「たち」と「ら」

の出現率には差が見られる。具体的な数値としては，聞き手包含の発話では「たち」84.5％，「ら」15.5％であるのに対し，非包含の発話では「たち」70.6％，「ら」29.4％であり，χ^2検定により5％水準で有意差が認められた（$\chi^2_{(1)}$ =6.493, $p<.05$）。

以上のことから，聞き手包含の発話より，聞き手非包含の発話で「ら」が使われやすいということが明らかになった。

ただし，2.4でも述べたように，この条件は「発話内容における使い分けの条件」であり，ひとりの話し手の中での条件になる。よって，この項目では，話し手の属性を「関東の男性」に限定し，再び分析を行うことにした。表5はその結果である。

表5 聞き手の包含・非包含における人称詞別出現頻度（関東・男性）

	包含		非包含	
	たち	ら	たち	ら
おれ	35	1	31	6
ぼく	7	1	5	8
わたし	5	0	8	0
うち	0	0	1	0
合計	47	2	44	15

この中から，「たち」と「ら」の対応がまったく見られない「わたし」と「うち」は，本考察の対象としては不適切であると判断して分析対象から省き，「おれ」と「ぼく」の出現頻度だけをもとに分析を行った。図10はその結果である。

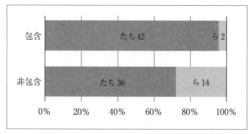

図10 聞き手の包含・非包含における出現率（関東・男性―「おれ」「ぼく」のみ）

図10の結果では，聞き手包含の発話が「たち」95.5％，「ら」4.5％で，聞き手非包含の発話は「たち」72.0％，「ら」28.0％であり，χ^2検定により1％水準で有意差が認められた（$\chi^2_{(1)}$ =9.116, $p<.01$）。5％水準で有意差が認められた全体数の分析結果に比べ，話し手を関東の男性に限定して行った分析結果のほう

でより著しく差が見られたのである。

　この項目に関連する例を以下に示す。

　（16）でもそれは<u>俺達</u>があくまでも避けて通った場合の話…。　　　　［素描］

　（17）<u>俺達</u>にしか見えない世界，<u>俺達</u>にしか分からない感覚っていうのかな…。

　　　　　　　　　　　　　　　　　　　　　　　　　　　　　　　　［素描］

　（18）夏になるとね，ま，<u>俺ら</u>がゲイビーチと呼んでいる特定の場所があって，

　　　　体焼きに行ったりするんですけど，　　　　　　　　　　　　［素描］

　（19）ま，<u>僕等</u>もそこでね，出会いを求めたりしてます。　　　　　［素描］

　上記の 4 例の中で，（16）と（17）は聞き手を含み，（18）と（19）は聞き手を含まない。（16）と（17）は登場人物の間で，お互いに共有している問題について話す場面であり，（18）と（19）は監督とのインタビュー場面である。これはすべて同じ男性の発話で，この作品はドキュメンタリー形式の映画であるため，決められたセリフはない。つまり，この話し手の場合，「聞き手の包含・非包含」によって「たち」と「ら」を非常にきれいに使い分けていることになる。

3．意識調査結果による「たち」と「ら」の使い分け
3.1　調査の概要

　第 2 節では，「たち」と「ら」の使い分けの条件について，映画シナリオを資料にして考察を行った。その結果，「関東・関西」「男性・女性」「丁寧体・普通体」「聞き手包含・非包含」の 4 つの条件が，「たち」と「ら」の使い分けに影響していることが明らかになった。しかし，映画シナリオを資料とした調査は，あくまでも近似的な調査である。そのため，ここでは，第 2 節での結論についてのさらなる検証方法として意識調査を行った。

　第 2 節で述べたように，「たち」と「ら」の使い分けには「関東・関西」という地域差が非常に大きく影響すると考えられる。したがって，本節では，地域による影響を考慮して，関東と関西の両地域で意識調査を行い，被験者が関東か関西のどちらかの生え抜きであることを条件とした。なお，出身地を離れた期間が 2 年以上の人は調査対象から外した。調査対象の地域と性別についての詳細は，表 6 のようである。

表 6　地域別・性別による被験者の人数

	男性	女性	合計
関東	97	103	200
関西	97	103	200

　以上のように，今回の調査対象は，関東出身の男女200人と関西出身男女200人で合計400人である。なお，調査の時期は，2001年10月から11月までの間である。

　つぎに，調査内容について述べる。まず，３．２では，第２節で明らかになった「聞き手の包含・非包含」という条件について，文献資料だけではなく，実際の被験者の回答からも，その傾向が明確に見られるかどうかを考察する。

　また，「聞き手の包含・非包含」という条件に深く関連する項目として，本調査で特に注目したいのは，「仲間意識の有・無」という条件である。これについては３．３で詳しく考察するが，ここでは，まず先行研究などを取りあげて少し触れておこう。「仲間意識の有・無」という心理的な区別について，日本語では琉球方言研究の中からそのヒントを見つけることができる。

　琉球方言は日本列島の言語の中で唯一，複数形自称詞が２種類あり，inclusive（聞き手非包含）と exclusive（聞き手包含）の別として使い分けられているといわれる。その内容については多数の先行論文の中で言及されている。中でも，伊豆山（1992）は，

　　琉球方言の二つの１人称代名詞 *a- と *b-（w）a- は，具体的な相手に対する個人的な１人称「話し手」を表す *a- と，他者に対する客観的・抽象的な「自己」を表す自己称 *b-（w）a- の対立である。(p.124)

と述べており，複数形自称詞を「自対称（*a-）」と「自己称（*b-（w）a-）」の２種に区別している。「自対称」とは，聞き手を含まない複数の「(ex) 私達」のことで，「自己称」とは，聞き手を含む複数の「(in) 私達」のことである。しかし，伊豆山（1992）は，琉球方言における「(in) 私達」と「(ex) 私達」という区別が，必ずしも聞き手を含むか含まないかを問題にしているのではないと述べている。

　　(in) は，他者・彼（ら）に対する自（自分達）なのである。だから話し手の意識の中に「話し相手」という区分けは存在しない。それは不必要な区分なのである。必要なのは，ある特定の要素によって「他」と区別されている「自（自分達）」だけなのだ。話し手にとって人は，ある特定要素により，「他」の側か「自」の側かに分けられる。だから，相手がその特定の要素を共有し

ていれば，結果的に inclusive（話し相手を含む）となる。もしその要素を持っていなかったら，その人は，居たとしてもいわば無視される，居たとしても「他」にすぎない。つまり，その人は，「ただ聞こえてしまっている人」にすぎなくなる。（p.116）

　このように，聞き手を含むか含まないかは，話し手の聞き手に対する仲間意識にもとづいて形成され，表面化された結果であると考えることができる。これに関連して宮城（1989）では，八重山方言の中での「聞き手の包含・非包含」による区別について,つぎのようなことが指摘されている。

　　地元への観光客誘致のキャッチフレーズに「オーリトーリ，バガーシィマカイ」（おいで下さい，私たちの島へ）というのがある。原則から言えば，この呼びかけを聞いている人も同じ仲間，八重山の人でなければならない。（中略）しかしながら，このとき島外からの観光客をも話し手・八重山の人が自分の仲間として，われわれの中に包みこんでしまっているからである。いわば島の人のやさしい気立てが，おのずからこのような表出となるのであろう。（p.381）

　これは，非常に興味深い論である。日本語の方言の中で，琉球方言以外に，聞き手の包含・非包含という区別について議論される人称詞を持つ方言はない。当然ながら，「たち」と「ら」についても，現在までは，本研究で述べているような「聞き手包含・非包含」の区別はまったく問題とされていなかった。しかし，本研究で「たち」と「ら」の使い分けの条件として取りあげている「聞き手の包含・非包含」の区別の根底には，このような「仲間意識の有・無」という心理的な区別が存在すると考えられる。すなわち，仲間意識にもとづいた自己の複数を表す「たち」と，仲間意識はまったく排除されて具体的な相手に対しての自称の複数を表す「ら」という区別である。3．3では，このような発話の中に含まれている「仲間意識の有・無」という条件によって，被験者は「たち」と「ら」を使い分けているかどうか，その現状を考察する。
　3．4では，第2節での「男性・女性による使い分け」という条件に関連して，話し手の性別によって，被験者が「たち」と「ら」の使い分けの必要性を感じているかどうか，性別による「ら」使用の容認度を調べる。
　3．5では，上記のすべての設問項目において，被験者の出身地によって「た

144

ち」と「ら」の選択率や「ら」使用の容認度に差が見られるかどうかを考察する。

3.2 聞き手の包含・非包含による選択率の差

　この項目では，聞き手が含まれている場面と聞き手が含まれていない場面での発話を提示し，「自称・対称代名詞＋たち」と「自称・対称代名詞＋ら」のうち，どちらを選択するのかを調べ，両場面での「たち」と「ら」の選択率に差が見られるかどうかを考察する。

　ここで提示した質問内容の詳細は以下のとおりである。［場面11］と［場面15］は，「ぼく＋たち／ら」を，［場面10］と［場面14］は，「おれ＋たち／ら」を例として提示している。両方とも，前者は聞き手包含の発話，後者は聞き手非包含の発話であり，「たち」と「ら」のうち，各発話でより自然なほうを選択してもらった。被験者に無理な選択を強要しないため，調査票には「どちらでも良い」という選択肢も加えている。なお，被験者がそれぞれの質問の意図，つまり「聞き手の包含・非包含による選択率を調べている」ということに気づいて余計な先入観を持たないように，わざと質問の並びがばらばらになるように工夫を行った。

　［場面11］野球部のキャプテンが部員達に，全国大会への出場が決まったことを伝えます。
　　「いよいよ，　　　　　のチームが全国大会に出場することになった」
　　　1. ぼくら　　　　　2. ぼくたち　　　　3.1と2どちらでも良い
　［場面15］全国大会への出場が決まった高校の野球部員が，出場できない他校の野球部員にそのことを自慢げに話します。
　　「全国大会には，　　　　　のチームが出るんだ」
　　　1. ぼくら　　　　　2. ぼくたち　　　　3.1と2どちらでも良い
　［場面10］ある男性がつき合っていた彼女に別れたいと伝えます。
　　「　　　　　，もう別れよう」
　　　1. おれら　　　　　2. おれたち　　　　3.1と2どちらでも良い
　［場面14］つき合っていた彼女と別れることになった男性は男友達にそのことを話します。
　　「　　　　　，もう別れることにした」
　　　1. おれら　　　　　2. おれたち　　　　3.1と2どちらでも良い

　図 11 は「ぼく＋たち／ら」の分析結果であり，図 12 は「おれ＋たち／ら」の分析結果である。本調査は，「聞き手の包含・非包含」という条件が「たち」と「ら」の使い分けに影響するかどうかを調べることが目的であるため，ここでは，分析の便宜上，「どちらでも良い」という回答は欠損値として処理して分析結果から省いた。データラベルの中の数値はそれぞれの回答数で，以降のグラフにおいても同様である。図 11 と図 12 の結果ともに，聞き手包含の発話と聞き手非包含の発話の間には，「たち」と「ら」の選択率に差が見られた。

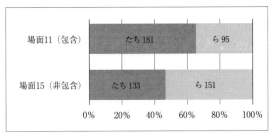

図 11 聞き手の包含・非包含による選択率の差（「ぼく＋たち／ら」の場合）

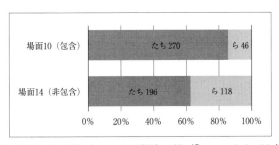

図 12 聞き手の包含・非包含による選択率の差（「おれ＋たち／ら」の場合）

　まず，図 11 の具体的な数値を見ると，聞き手を含む［場面 11］では「ぼくたち」の選択率が 65.6％，「ぼくら」の選択率が 34.4％である。これに対し，聞き手を含まない［場面 15］では「ぼくたち」46.8％，「ぼくら」53.2％であり，この結果は，χ^2 検定により 0.1％水準で有意差が認められた（$\chi^2_{(1)} = 19.975, p < .001$）。

　また，図 12 では，聞き手を含む［場面 10］では「おれたち」の選択率が 85.4％，「おれら」の選択率が 14.6％である。これに対し，聞き手を含まない［場面 14］では「おれたち」62.4％，「おれら」37.6％であり，この結果も，χ^2 検定により 0.1％水準で有意差が認められた（$\chi^2_{(1)} = 43.355, p < .001$）。

146

 以上のことから，聞き手包含の発話では「たち」，聞き手非包含の発話では「ら」の選択率が高いということが検証された。

３．３　仲間意識の有・無による選択率の差

 この項目では，「仲間意識の有・無」という条件が「たち」と「ら」の使い分けに影響するかどうかを調べる。しかし，３．１でも述べたように，「仲間意識の有・無」という条件は心理的なものであり，ここで提示する場面に関してもいくらか主観性があることは否めない。

 できるだけ普遍的であると判断できる場面として，以下の［場面９］と［場面13］を提示している。［場面９］での発話は，前述した先行研究の宮城（1989）で引用している観光客誘致のキャッチフレーズを応用した。［場面９］が，仲間意識があると判断した場面での発話であり，［場面13］が，仲間意識がないと判断した場面での発話である。両場面の中で，「ぼくたち」と「ぼくら」のうち，どちらを選択するのかを調べ，「たち」と「ら」の選択率に差が見られるかどうかを考察する。

> ［場面９］男子校で学園祭が始まり，校門の前に次のような文句の看板が立てられました。
> 　「￣￣￣￣の学園祭へようこそ」
> 　　1. ぼくら　　　　2. ぼくたち　　　　3.1と2どちらでも良い
> ［場面13］戦前生まれの男性が高校生を前に戦争時代について講演しています。
> 　「￣￣￣￣の時代に比べると，今はとても平和な時代です」
> 　　1. ぼくら　　　　2. ぼくたち　　　　3.1と2どちらでも良い

 図13の分析結果によると，仲間意識があると判断できる場面での発話と仲間意識がないと判断できる場面での発話の間では，「たち」と「ら」の選択率に差が見られた。

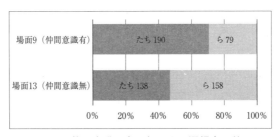

図13 仲間意識の有・無による選択率の差

　具体的な数値を見ると，仲間意識ありの［場面 9 ］では「ぼくたち」の選択率が 70.6％，「ぼくら」の選択率が 29.4％であるのに対し，仲間意識なしの［場面 13］では「ぼくたち」46.6％，「ぼくら」53.4％であり，この結果は，χ^2検定により 0.1％水準で有意差が認められた（$\chi^2_{(1)}=33.363$, $p<.001$）。

　以上のことから，仲間意識がある発話では「たち」，仲間意識がない発話では「ら」の選択率が高いということが検証された。

３.４　話し手の性別による容認度の差

　この項目では，発話内容による使い分けではなく，話し手の属性による使い分けの差を調べることが目的である。よって，ここでは，話し手の性別だけが異なる 2 つの同じ場面を提示し，発話の中での「ら」の使用に対する被験者の容認度を質問する形式を用いた。こうして，話し手の性別によって「ら」使用に対する容認度に差が見られるかどうかを考察する。

　提示した容認度レベルは 4 段階であるが，第 2 章での意識調査と同じく，分析の際には「違和感がない」と「違和感がある」の 2 段階としてまとめた。［場面 26］は男性が「ら」を用いる場面であり，［場面 20］は女性が「ら」を用いる場面である。前述したとおり，ここでも，できるだけ被験者が性別による選択率を調べているという質問の意図に気がつかないように，連続した質問にしない工夫を行った。

　［場面 26］小学校で若い男の先生が，多数の生徒のことを他の先生にいうとき，「子どもら」という。
　　例）子どもらはいま運動場に集まっています。

148

　　［場面20］小学校で中年の女の先生が，多数の生徒のことを他の先生にいう
　　　とき，「子どもら」という。
　　　　例）子どもらはいま運動場に集まっています。

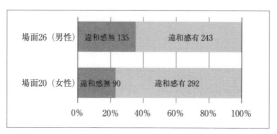

図14 話し手の性別による「ら」使用の容認度の差

　この結果は，図14のとおりである。具体的な数値を見ると，男性の発話であ
る［場面26］では「違和感がない」が35.7％，「違和感がある」が64.3％であ
るのに対し，女性の発話である［場面20］では「違和感がない」が23.6％，「違
和感がある」が76.4％であり，この結果は，χ^2検定により0.1％水準で有意差が
認められた（$\chi^2_{(1)}$ = 13.467, p <.001）。
　以上のことから，男性の「ら」使用に比べて女性の「ら」使用のほうに被験
者はより違和感を持ち，容認度が低くなる傾向があるということが検証された。

３．５　地域による容認度の差
　第2節での映画シナリオの分析結果によって，「関東・関西」という地域の違
いが「たち」と「ら」の使い分けの条件として強く作用していることが明らか
になった。すなわち，関西では関東に比べて「ら」の使用頻度が高く，とりわけ，
女性が用いる人称詞にも「ら」が頻繁に後接する傾向が見られる。したがって，
この項目では，被験者の出身地を関東と関西に分けて，両者の間に「ら」使用
に対する容認度に差があるかどうかを考察する。まず，３．４で取りあげた［場
面26］と「場面20」の「子どもら」という形式について，容認度の差が見られ
るかどうかを考察する[12]。図15と図16がその結果である。話し手が男性であ

12　地域差の考察においては，３．４での性別差の考察のように，質問内容の中で話し手の
　　出身地を分けて提示してどちらにも回答してもらう方式は取り入れていない。これは，本
　　調査の被験者が各地域の生え抜きであるのが理由である。両地域の被験者の間に直接的な
　　接触が多くないと考えられるため，漠然とした他方言へのイメージだけで容認度を選択し
　　てもらうのは，信憑性に欠けると判断したのである。

る図15と，話し手が女性である図16ともに，関東に比べて関西のほうで違和感がないという回答が多く，「ら」使用に対する容認度が高いことがわかる。

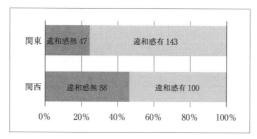

図15 地域による「ら」使用の容認度の差（男性の発話）

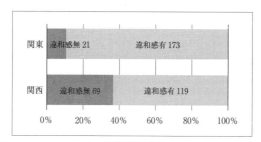

図16 地域による「ら」使用の容認度の差（女性の発話）

　具体的な数値を見ると，男性の発話である図15の場合，関東では「違和感がない」が24.7％，「違和感がある」が75.3％であるのに対し，関西では「違和感がない」が46.8％，「違和感がある」が53.2％である。この結果は，χ^2検定により0.1％水準で有意差が認められた（$\chi^2_{(1)}=20.051, p<.001$）。

　また，女性の発話である図16の場合，関東では「違和感がない」が10.8％，「違和感がある」が89.2％であるのに対し，関西では「違和感がない」が36.7％，「違和感がある」が63.3％である。この結果は，χ^2検定により0.1％水準で有意差が認められた（$\chi^2_{(1)}=35.501, p<.001$）。

　つぎに，［場面22］では，関東ではあまり好まれないが，関西では女性の間で多く使われると思われる「わたしら」という形式について容認度を調べた。

［場面22］中年女性が仲のいい女友達に，自分たちのことを「わたしら」という。
　　例）わたしらもパソコンの勉強しようか。

150

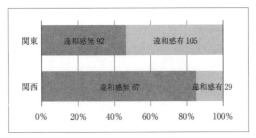

関東　違和感無 92　違和感有 105

関西　違和感無 67　違和感有 29

0%　20%　40%　60%　80%　100%

図 17 地域による「ら」使用の容認度の差（わたしら）

　その分析結果を図 15 に示す。具体的な数値を見ると，関東では「違和感が
ない」が 46.7％，「違和感がある」が 53.3％で，半数以上の人が違和感を持って
いるのに対し，関西では「違和感がない」が 85.2％，「違和感がある」が 14.8％
であり，圧倒的に違和感を持たないと回答した人が多い。この結果は，χ^2 検定
により 0.1％水準で有意差が認められた（$\chi^2_{(1)} = 64.820$, p<.001）。

　以上のことから，関東出身の被験者に比べて関西出身の被験者のほうで，「ら」
使用に対する容認度がより高いということが検証された。

4．まとめ

　以上，複数形接尾辞「たち」と「ら」の使い分けについて，映画シナリオの
分析と意識調査という 2 つの側面から考察を行った。

　まず，映画シナリオを資料とした考察では，話し手の属性による条件として
「関東・関西」と「男性・女性」，発話内容による条件として「丁寧体・普通体」
と「聞き手の包含・非包含」という 4 つの仮説を立てて分析を行った。その結果，
これらの条件が「たち」と「ら」の使用頻度に影響していることが検証された。
その結果をまとめると，以下の（1）～（4）のとおりである。

　話し手の属性と関連して，

　（1）関東では「たち」，関西では「ら」の使用頻度が高い。

　（2）関東では女性に比べて男性の「ら」の使用頻度が高い。一方，関西の
　　　 ほうではこのような傾向は認められない。

　発話内容と関連して，

　（3）丁寧体の発話に比べて普通体の発話で「ら」が使われやすい。ただし，
　　　 このような傾向は分析対象を関東の男性に限定した場合は認められな
　　　 い。

（4）聞き手包含の発話に比べて聞き手非包含の発話で「ら」が使われやすい。とりわけ，このような傾向は分析対象を関東の男性に限定した場合により明確に見られる。

　以上の全体の結果から，使い分けの条件の中でも，「関東・関西」という条件がもっとも優先される条件であることが明らかになった。

　つぎに，意識調査による考察では，映画シナリオによる考察で明らかになった使い分けの条件に，「仲間意識の有・無」という条件を加えて分析を行った。その結果，これらの条件が「たち」と「ら」の使い分けの意識に影響していることが検証された。その結果をまとめると，以下の（5）〜（8）のとおりである。

（5）「聞き手の包含・非包含」によって被験者の「たち」と「ら」の選択率に差が見られ，聞き手包含の発話に比べて聞き手非包含の発話で「ら」を多く用いる傾向がある。

（6）「仲間意識の有・無」によって被験者の「たち」と「ら」の選択率に差が見られ，仲間意識がある発話に比べて仲間意識がない発話で「ら」を多く用いる傾向がある。

（7）発話の話し手の性別によって被験者の「たち」と「ら」の容認度に差が見られ，男性の発話に比べて女性の発話での「ら」使用に違和感が大きい傾向がある。

（8）被験者の出身地によって「たち」と「ら」の容認度に差が見られ，関西出身の被験者に比べて関東出身の被験者が「ら」使用に違和感が大きい傾向がある。

　以上のように，「たち」と「ら」の使用には，多かれ少なかれ，前述したような使い分けの条件が複合的に影響しているのである。

第6章
韓国語との対照から見た日本語複数形接尾辞

1．韓国語の複数形接尾辞の特徴

　第2章でも述べたように，韓国語での代表的な複数形接尾辞は「들 tul」であり，いくつか存在する複数形接尾辞の種類の中でもっとも多く使われる形式である。日本語で「たち」「ら」「がた」「ども」などの複数形接尾辞がそれぞれ明確な使用領域を確保していることに比べると，韓国語の複数形接尾辞はバラエティに乏しい。しかしながら，韓国語での複数形接尾辞「들 tul」は，日本語でのそれらよりもはるかに広い範囲で使われる。

　つぎの文は，韓国の新聞の『韓国日報』の2000年9月19日のインターネット記事から抜き出したものである。本文中の番号と下線，ローマ字表記は便宜上本書のみにつけ加えたものであり，括弧内の日本語文は韓国語の記事を筆者が訳したものである。

　한국인 4 명 시드니 탈옥범들 tul [1] 에 피랍．（중략）탈주범들 tul [2] 은 이 차를 몰고 도망가다 현지 경찰들 tul [3] 이 추격해 오자 인질들 tul [4] 을 풀어주고 시드니 인근 매릭빌 지역에 차를 버린 후 도주했다．이 대변인은 인질 4 명중 2 명은 대학체육회 총무임원 윤종구씨 등 tung [5] 한국선수단 임원들 tul [6] 이고 나머지 2 명은 올림픽자원봉사를 하고 있는 한국인동포인 임신부등 tung [7] 인 것으로 확인됐다고 말했다．인질로 잡혔던 윤씨 등 tung [8] 을 상대로 피랍과정을 조사하고 있으며，임신부는 인근 병원으로 옮겨 치료중이다．

　　　　　　　　　　　　　（出典：http://www.hankooki.com/hankook.htm）[1]

　（韓国人4人　シドニー　脱獄犯たち [1] に拉致。（中略）脱走犯たち [2] はこの車での逃走中，現地の警察たち [3] が追跡してくると人質たち [4] を解放し，シドニー近辺のマリックビル地域に車を捨てて逃走した。李代弁人は，人質4人中2人は大韓体育会総務任員ユン・ゾング氏など [5] 韓国選手団の任員たち [6] で，ほかの2人はオリンピックボランティア活動をしている韓国人同胞の妊婦など [7] であると確認されたと伝えた。人質になっていたユン氏など [8] を対象

に拉致の経緯を調査しており，妊婦は近辺の病院に移送され治療中である。）

　韓国語の記事の中で注目したいのが，複数形人称詞の使用が非常に多いということである。日本語訳での［3］［4］［6］の複数形接尾辞は，むしろつけない方が自然であろう[2]。

　このように，韓国語の中で複数形接尾辞「들 tul」が多用される要因としてまず考えられるのは，日本語の複数形接尾辞に比べて接続する名詞への制約が少ないということである。日本語では，名詞の中でも主に人や生物などの具体的な指示対象でなければ複数形接尾辞が後接できないため，抽象名詞などの数えられない不可算名詞に複数形接尾辞は接続しない[3]。以下に，小説の対訳資料からの例をあげる。

　（1）a この世に別に未練はない。　　　　　　　　　　　　　　　［アボジ］

　　　　b 그런 아픈 <u>추억들</u>때문에라도 이 세상에 별로 미련은 없어 .

　　　　（そういう辛い<u>思い出たち</u>のせいでも，この世に別に未練はない。）

　　　　　　　　　　　　　　　　　　　　　　　　　　　　　　　［아버지］

　また，抽象名詞だけではなく，以下の例のような物名詞にも，日本語では複数形接尾辞を後接しないのが普通であるが，韓国語では複数形接尾辞「들 tul」を後接する傾向が強い[4]。

　（2）a OP 内に水槽を設置した経緯は？　　　　　　　　　　　　［シュリ］

　　　　b 오피내에 <u>어항들</u>은 어떻게 들어오게 됐습니까 ?

　　　　（OP 内に<u>水槽たち</u>はどうやって入ったのですか。）　　　［쉬리］

　（3）a 豆腐料理を出す宿ばっかりで，僕も今夜食った。　　　［キッチン］

　　　　b 두부요리 하는 <u>여관들</u> 투성이고 나도 저녁때 먹었어 .

　　　　（豆腐料理をする<u>旅館たち</u>ばっかりで，僕も今夜食べた。）　［키친］

2　この判断については，日本語母語話者3人に口頭によるサンプル調査を行い，同様の回答が得られた。なお，［5］［7］［8］での，日本語の「など」に当たる「등 tung」の使用も特徴的であるが，これに関しては，2.4で再度取りあげる。

3　近年では，日本語でも歌謡の歌詞などで「夢たち」「想い出たち」など抽象名詞に複数形接尾辞を後接する形が見られるようになった。しかし，文化庁（編）の『言葉に関する問答集5』(1979)では，「これら／それら／あれらなどのように，一部の事物を表す代名詞につけて，その表しているものごとが複数であることを表す。(p.50)」として人称詞でない代名詞に「ら」が後接できることを示してはいるが，抽象名詞に後接できるという記述はない。

4　これについては，仁田(1997)も「韓国語には，「들 tul」といった複数指定接辞が存在するが，《複数指定形》は，《人名詞》だけにではなく《物名詞》にも付きうる。（中略）複数指定接辞の共起領域が，日本語や中国語に比べて広い。(p.121)」と述べている。

154

　もちろん，韓国語は日本語と同じく，文法的な数のカテゴリを持たない[5]。したがって，（1）〜（3）に用いられている「들 tul」は必要不可欠な要素ではなく，「들 tul」を省いた状態でも正文になって何の問題もない。しかしながら，できるだけ複数形接尾辞を後接したほうがより自然に思われるのも確かである。

　このほかに，日本語では，「家族」や「兄弟」「友達」のように集合的な意味で使われる人名詞には，その指示対象が単数か複数かに関係なく複数形接尾辞をつけないのが普通であるが，韓国語ではこのような人名詞にも，複数形接尾辞「들 tul」を後接するのが普通である。これは，すでに第3章で述べた，複数形人称代名詞にさらに複数形接尾辞「들 tul」を後接し，複数の意味を明確にするのと同様である。

　もう1つ，韓国語での「들 tul」の多用の要因として，日本語での畳語のような形式が韓国語に多くないことが考えられる。（4）はその一例であり，日本語版では畳語の「方々」が用いられているが，韓国語版では「方」という意味の「분 pwun」に複数形接尾辞「들 tul」が後接している。

（4）a おたくたちのように成功した方々に，あっしのような無学のものが
　　　 あれこれ言うのはおかしなもんですが…。　　　　　　 ［アボジ］

　　 b 댁들같이 성공한 분들에게 나같은 무식쟁이가 이런 저런 말을 한다
　　　 는 게 우습소만….

　　　 （おたくたちのように成功した方たちに，私のような無学のものがか
　　　 れこれ言うのはおかしいんですが…。）　　　　　　　　 ［아버지］

　つぎに，複数形接尾辞の接続形式に注目した例をいくつか取りあげる。

（5）a まったく，みんな何をしているんだ。　　　　　　　　　 ［アボジ］

　　 b 도대체 뭣들하고 있어요？

　　　 （一体，《あなたたちは》何をやってるんですか。）　　　 ［아버지］

（6）a そうか，そのあいだどんな気持ちだったか。　　　　　　　 ［英雄］

　　 b 그래，그 동안 기분들이 어땠어？

　　　 （そうか，そのあいだ《お前たちは》気持ちがどうだったか。 ［영웅］

5　仁田（1997）は，「英語などの可算名詞が，〈数〉といった文法カテゴリを有し，《単数形》か《複数形》かの，いずれかとして存在せざるをえなかったのに対して，日本語の名詞は，それが指し示す指示対象の数的異なりによって，自らの形態を変えることは，通例ない。（p.108）」と述べている。

（7）a　私が電話したらヘンでしょ。　　　　　　　　　　　　［サイ］

　　　b　내가 전화하면 이상하게 <u>생각들</u> 하실 거고 .

　　　　（私が電話したら《向こうの<u>方々</u>が》ヘンに思われるでしょうし。）

　　　　　　　　　　　　　　　　　　　　　　　　　　　　　［무소］

　（5）～（7）に用いられている複数形接尾辞「들 tul」は，人名詞でない代名詞や普通名詞など，すなわち（5）では「뭣 mwes（何）」，（6）では「기분 kipwun（気持ち）」，（7）では「생각 sayngkak（思い）」に接続している。しかし，ここで複数になる対象は，複数形接尾辞に前接している名詞そのものではなく，上記の例の韓国語版の日本語訳に《　》で示している部分，すなわち文表面に表れていない主語や動作主となる人物である。（5）での日本語版で「みんな」という複数名詞が明示されているのを見るとより理解しやすいだろう。

　このように，韓国語では，文中に人称詞が明示されない発話でも，ほかの品詞などに複数形接尾辞「들 tul」を後接することで，指示する人物が複数であることを表すことができる。それは，名詞だけに限らず，副詞など非常に広い範囲での接続が可能である。以下にその例をあげる。

　（8）a　（皆さん）さようなら。

　　　b　<u>안녕히들</u> 가십시오 .（《あなた<u>たち</u>》，安寧にいらっしゃって下さい。）

　　　　　　　　　　　　　　（大阪外国語大学朝鮮語研究室（編）（1986）から引用）

　（9）a　たんと召し上がれ。　　　　　　　　　　　　　　　［シュリ］

　　　b　<u>많이들</u> 드시구려 .

　　　　（《あなた<u>たち</u>》，たくさん召し上がれ。）　　　　　［쉬리］

　（10）a　普通の人はどうするんです。　　　　　　　　　　　［リング］

　　　b　보통은 <u>어떻게들</u> 합니까 .

　　　　（普通は《<u>人々</u>は》どうするんですか。）　　　　　　［링］

　（8）では「안녕히 annyenghi（安寧に）」，（9）では「많이 manhi（たくさん）」，（10）では「어떻게 ettehkey（どう）」に複数形接尾辞「들 tul」が後接し，複数の相手に話しかけていることを表している。これらの例でわかるように，韓国語で人称詞や人名詞以外の品詞に複数形接尾辞が後接するのはそれほど珍しい形式ではない。

　以上，韓国語の複数形接尾辞を日本語と比較することで，その特徴について述べた。このようなことから，限られた種類しか持たない韓国語の複数形接尾辞のほうが，多様な種類を持つ日本語の複数形接尾辞より多様な接続形式を持

ち，その運用においても非常に使用の幅が広いということがわかる[6]。

2. 文学資料による日本語と韓国語の複数形接尾辞の対照 [7]
2.1 調査の概要

　第1節での考察からもわかるように，日本語と韓国語の複数形接尾辞は使用範囲や接続形式などで相違点を多く持っている。本研究の目的は，従来の研究であまり述べられてこなかった両言語での複数形接尾辞の相違点に着目し，使用頻度や用法の違いを考察することで，日本語の複数形接尾辞の特徴をより浮き彫りにすることである。本節では，小説の対訳資料を利用し，その中で日本語と韓国語の複数形接尾辞がどのように使用されているのかを考察する。

　まず，分析対象について触れておこう。人称詞の中でも，「우리들 wulitul（私たち）」「너희들 nehuytul（おまえら）」「그들 kutul（彼ら）」のような複数形人称代名詞，「이놈들 inomtul（こいつら）」「그녀석들 kunyesuktul（あいつら）」のような複数形指示代名詞に用いられる複数形接尾辞は，形式的に固定された形である。よって，これらは日本語と韓国語の複数形接尾辞の対照研究の対象としては望ましくないと判断し，本節での分析対象からは省くことにした。したがって，ここでは「人名詞＋複数形接尾辞」の形式だけを考察対象とする。なお，本研究での複数形接尾辞に関する考察はあくまでも人称詞の周辺形式としての観点から行われているため，第1節で取りあげたいくつかの用例のように，物名詞や人称詞でない副詞などの品詞に後接している複数形接尾辞は分析対象から除外する。

　さらに，本章では複数形接尾辞に前接する名詞の種類を複数名詞，集合名詞，普通名詞の3つに分けてより詳細な考察を目指した。複数名詞とは，日本語の「方々」「人々」などの畳語と，「諸君」「連中」「両親」「一行」「みんな，みなさん」

6　文化庁（編）の『言葉に関する問答集5』（1979）には，「（4）ここら（で休もう）／そこら（を探してごらん）／あそこら（に有るだろう）などのように，一部の場所を表す代名詞につけて，おおよその場所・時などを表す。複数の意は，ほとんどない。（p.50）」という記述がある。韓国語でも場所を表す代名詞に複数形接尾辞「들 tul」をつけることは可能であるが，「ら」の用法とは違って，その場所に居る人物が複数であることを表すものであり，日本語とはまったく異なる意味を持っている。同じ接続形式の中でも，両言語の複数形接尾辞の間では，このような意味的な差が見られるのである。

7　2003年に本論文が発表されてから，本節の内容が鄭（2005）に別途まとめられたので，あわせてご参照されたい。

など，意味的に複数にしか解釈できない名詞のことである。集合名詞とは，「家族」「兄弟」「友達」「側近」など，意味的に複数にも単数にも解釈することができる名詞のことである。なお，複数名詞と集合名詞のどちらにも該当しない名詞をまとめて普通名詞に分類した。

　分析資料としては，第3章での人称詞の対照分析の資料と同じく，日本の小説5冊とその韓国語翻訳版5冊，韓国の小説4冊とその日本語翻訳版4冊で，総18冊の現代小説を使用した。また，本研究では，会話体に表れる人称詞に限って考察を進めているので，小説の中の会話文だけを分析対象とした。これらの中から「人名詞＋複数形接尾辞」の形式が用いられている発話を抽出し，両言語の原作とその翻訳版に表れる複数形接尾辞を同一箇所において比較した。使用した小説の詳細は，本書の末尾の分析資料に掲載されている。

２．２　複数形接尾辞の出現頻度の差

　まず，日本語版での「人名詞＋複数形接尾辞」の形式に対して，韓国語版ではどのような形式が対応しているかを調べた。その詳細を表1に示す。

表1　日本語版の複数形接尾辞に対応する韓国語版の形式

		韓国語版				合計
		들 tul	普通名詞	네 ney	複数名詞	
日本語版	たち	113	9	2	1	125
	ら	13	2	0	0	15
	ども	14	0	0	0	14
合計		140	11	2	1	154

　日本語版では，「たち」が125例，「ら」が15例，「ども」が14例で，合わせて154例の複数形接尾辞が集計された。なお，これらの複数形接尾辞に前接する人名詞はすべて，上記の3分類のうち普通名詞に該当するもののみであった。

　合計154例のうち140例が「들 tul」と対応しており，これは全体の90.9％になる。この結果からも，韓国語で使われる複数形接尾辞が「들 tul」に集中していることがわかる。なお，日本語では複数形接尾辞が明示されているのに，韓国語版では省略され普通名詞のみの形式になっているのが11例あって，これは全体の7.1％である。さらに，ここで注目したいのは，日本語版での「たち」が韓国語版で「들 tul」ではなく「네 ney」に対応しているのが2例見られていることである。「네 ney」は「들 tul」に比べて非常に使用範囲が狭い複数形接尾辞で，単純に指

示対象を複数化するというより，家族など同種のグループを表すという意味合いが強く，「들 tul」とはその用法において若干異なる部分がある[8]。これに関しては，後述する3.4で詳しく考察する。1例だけ見られる複数名詞は，日本語版での「おばさんたち」が「아줌마 일행 ajumma ilhayng（おばさん一行）」に訳された例である。

　つぎに，韓国語版での「人名詞＋複数形接尾辞」の形式に対して，日本語版ではどのような形式が対応しているかを調べた。その詳細を表2に示す。

表2 韓国語版の複数形接尾辞に対応する日本語版の形式

		日本語版							合計
		普通名詞	たち	複数名詞	集合名詞	ども	ら	畳語	
韓国語版	普通名詞＋들 tul	282	113	36	0	14	13	4	462
	複数名詞＋들 tul	6	0	17	0	0	0	0	23
	集合名詞＋들 tul	0	0	2	21	0	0	0	23
	네 ney	0	2	0	0	0	0	0	2
合計		288	115	55	21	14	13	4	510

　韓国語版では，「들 tul」が508例，「네 ney」が2例で合わせて510例の複数形接尾辞が集計された。「들 tul」の場合，前接する人名詞の種類によって，「普通名詞＋들 tul」「複数名詞＋들 tul」「集合名詞＋들 tul」の3種に分けて示した。

　まず，韓国語版では複数形接尾辞が用いられているのに，日本語版では省略されて普通名詞のみの形式になっているのが288例で全体の56.5％になり，対応形式の中でもっとも高い割合を占めている。表1の日本語版の複数形接尾辞に対応する韓国語版の形式では，普通名詞のみの例がわずか7.1％であったのに比べると，日本語版より韓国語版のほうで複数形接尾辞が多く使われていることが明らかである。

　また，複数名詞が55例で全体の10.8％，集合名詞が21例で全体の4.1％を占めており，表1では複数名詞1例しかなかったことに比べると，かなり高い数値である。このように複数形接尾辞を使わず，複数名詞，集合名詞だけで複数であることを示している例まで含めると，日本語版での複数形接尾辞の省略率

8　大阪外国語大学朝鮮語研究室（1986）では，「네 ney」の説明に，「①（同種の人の集団・群れを表す語）…たち，…ら：우리〜われら，僕たち；부인〜夫人たち。②（人の名まえや称号についてその人の）家族；所：영남이〜ヨンナミの家族（所）（p.482）」と記されている。

は非常に高い[9]。すなわち，日本語では人名詞そのものが複数や集合的意味を含むものなら複数形接尾辞を後接しないのが普通であるが，韓国語では複数や集合的意味を含む人名詞にも複数形接尾辞を後接する傾向が強い。

ちなみに，表2で韓国語版の複数形接尾辞にもっとも多く対応している日本語の形式が「たち」であることから，「たち」は「ら」や「ども」に比べて使用範囲が広い接尾辞であることがわかる。このほかに，表1ではまったく見られなかった「畳語」が4例見られていることも，日本語版ならではの特徴であろう。

表1と表2を比較すると，両言語での複数形接尾辞の使用頻度と使用範囲の違いは明らかである。この結果にもとづいて，2.3では両言語の複数形接尾辞の違いを前接する人名詞の形式別に考察する。

2.3　複数形接尾辞の省略と他形式との交代

表1と表2の分析結果から，3つの形式を考察の観点として立てることができる。それは，「普通名詞＋複数形接尾辞」，「複数名詞＋複数形接尾辞」，「集合名詞＋複数形接尾辞」である。

まず，「普通名詞＋複数形接尾辞」の形式について考察する。表1で，日本語版の「普通名詞＋複数形接尾辞」が韓国語版で「普通名詞のみ」に訳された例が11例あった。一方，表2で，韓国語版の「普通名詞＋複数形接尾辞」が日本語版で「普通名詞のみ」に訳された例は282例でその差は著しい。

これに関連して，つぎの例を見てみよう。

(11) a サラリーマンのことを言ってるのさ。　　　　　　　　　　　　［アボジ］

　　 b 월급쟁이들 이야기 하는 거야.

　　　 (サラリーマンたちのことを言っているんだ。)　　　　　　　［아버지］

(12) a 一般の人も泊まれるんですか。　　　　　　　　　　　　　　　［リング］

　　 b 호텔이나 임대별장에 일반 사람들도 묵을 수 있나요?

　　　 (ホテルや賃貸別荘に一般の人たちも泊まれるんですか。)　　　　［링］

(13) a いまどきの子どもはろくなことをしなくなった。　　　　　　　［新美］

　　 b 요즈음 아이들은 영 글러먹었어.

　　　 (いまどきの子どもたちはまったくダメだ。)　　　　　　　　　［금빛］

9　ここでの「省略」とは，普通名詞・複数名詞・集合名詞のみが使われ，複数形接尾辞を後接していないという意味である。

　以上の例をみると，日本語では単数形の普通名詞で表しているところを，韓国語では「普通名詞＋들 tul」とし，指示対象が複数であることを明確に示している。文脈上，(11) ～ (13) の「普通名詞」は不特定多数の指示対象を指すという面で共通している。(12) b の「일반 사람들 ilpan salamtul（一般の人たち）」や (13) b の「요즈음 아이들 yocuum aitul（いまどきの子どもたち）」という形式は，日本語では余計な形に思われがちで違和感がある。しかし，韓国語では，このように不特定多数の指示対象を指す場合，できるだけ複数形接尾辞を後接しようとする傾向が強く，このような両言語間の使用実態の違いから，前述の表1と表2での頻度差が生まれると考えられる。

　つぎに，「複数名詞＋複数形接尾辞」の形式について考察する。以下にいくつかの例をあげる。

(14) a 今日，出版社の連中に聞いたんだ。　　　　　　　　　　［サイ］

　　 b 오늘 출판사 사람들한테 물어봤어 .

　　　（今日，出版社の人たちに聞いてみたんだ。）　　　　　　［무소］

(15) a まさに，新たな時代は諸君の双肩にかかっている。　　　［シュリ］

　　 b 바로 그 새 역사의 시작이 대원들 손에 달렸다 .

　　　（まさに，その新しい歴史の始まりが隊員たちの手にかかっている。）

　　　　　　　　　　　　　　　　　　　　　　　　　　　　　　［쉬리］

(16) a でも，私が自殺したらみんな言うよ。　　　　　　　　　［サイ］

　　 b 하지만 내가 자살을 하면 사람들은 생각하겠지 .

　　　（でも，私が自殺したら，人たちは思うでしょう。）　　　［무소］

　以上の例を見ると，日本語版では「連中」「諸君」「みんな」という複数名詞を用いているのに対し，韓国語版では「普通名詞＋들 tul」の形式を用いている。表2でもこの傾向は顕著に見られ，日本語版で複数名詞に訳された 55 例のうち 65.5％に当たる 36 例が韓国語版の「普通名詞＋들 tul」であった。つまり，韓国語版では複数名詞だけで複数を示すより，普通名詞に複数形接尾辞を後接することが好まれると考えられる。しかし，韓国語で複数名詞をまったく用いないことではない。つぎの例を見てみよう。

(17) a ご両親は元気だったかい。　　　　　　　　　　　　　　［サイ］

　　 b 부모님들 안녕하시지 .

　　　（ご両親たちはお元気でしょう。）　　　　　　　　　　　［무소］

(18) a きっとみんな喜ぶよ。　　　　　　　　　　　　　　　　［蛍］

　　 b <u>모두들</u> 기뻐할거야 .

　　　（<u>皆さんたち</u>，喜ぶよ。）　　　　　　　　　　　［개똥벌레］

　(17) と (18) では，韓国語版でも複数名詞の「부모님 pumonim（ご両親）」「모두 motwu（みんな）」が用いられているが，それに加えてさらに複数形接尾辞「들 tul」が後接している。このように，韓国語では複数名詞に再び「들 tul」を後接するのはよくあることで，まったく違和感なく用いられる形式である。一方，日本語では複数名詞を用いるときに複数形接尾辞を後接しないのが普通であり，もし「たち」や「ら」などを加えると不適切になりがちである。韓国語でのこのような傾向は，複数の意味を明確にするためであり，複数形人称代名詞にさらに「들 tul」を後接した「우리들 wulitul（私たち）」「너희들 nehuytul（君たち）」のような形式と同じ役割をする。

　つぎに，「集合名詞＋複数形接尾辞」の形式について考察する。例を見てみよう。

(19) a マスコミは多数の<u>国民</u>が望むものしか，　　　　　［リング］

　　 b 매스컴은 다수의 <u>국민들</u>이 바라는 것 이외에는….

　　　（マスコミは多数の<u>国民たち</u>が望むこと以外には…。）　　［링］

(20) a <u>友だち</u>もみんなこのクロイツベルクに住んでいる。　　［蛍］

　　 b <u>친구들</u>도 모두 이 크로이츠베르크에 살고 있구요 .

　　　（<u>友達たち</u>もみんなこのクロイツベルクに住んでいます。）［개똥벌레］

(21) a こんな日は，<u>家族</u>がいたらな，と思ったりはしないか。　［シュリ］

　　 b 이런 날 <u>가족들</u> 생각 안 나？

　　　（こういう日，<u>家族たち</u>のこと思い出さないか。）　　　［쉬리］

　ここでは，「国民」「友達」「家族」などを集合名詞として取りあげている。これらの名詞は前述した複数名詞とは異なって，指示対象が必ず複数であるわけではない。よって，複数形接尾辞を後接することで不適切になるのではなく，実際には「友達ら」「家族たち」などの表現もありえる[10]。しかしながら，複数形接尾辞によって単複数を区別しているのではないため，日本語では大半の場合，複数形接尾辞を用いない形式で単数と複数をともに表す。たとえば，(21) の「家族」を「家族たち」に言い換えると，いくつかの家族が存在するような表現になりやすく，余計な言い回しのように思われる。

10　「友達ら」という表現は，関東ではそれほど聞き慣れていない表現だが，関西のほうではよく耳にする形式である。

　一方,韓国語では,このような集合名詞にもできるだけ複数形接尾辞を用いる。とりわけ,(20)の「친구 chinku(友達)」の場合は複数形接尾辞を後接しないと単数の意味として捉えられやすく,発話の意味が曖昧になる。

　以上,日本語と韓国語の対訳資料の中で複数形接尾辞の形式にずれが見られる部分に焦点を当て,その頻度と使用範囲の違いについて考察した。この考察から,日本語に比べて韓国語のほうで複数形接尾辞の使用頻度が高いことがわかった。なお,その理由として,韓国語では「複数名詞」や「集合名詞」などにもできるだけ複数形接尾辞を後接しようとする傾向が強く,日本語に比べてその使用範囲が広いからであることが明らかになった。

2.4　複数形接尾辞の近似複数の用法

　日本語と韓国語での複数形接尾辞の用法の違いに注目し,近似複数の用法について考察する。まず,「近似複数」という用語について述べておこう。「近似複数」とは,常に「同質複数」という用語と対立する意味として使われる。つぎの例を見てみよう。

　(22) a　あなたたちも一緒に行きましょう。

　　　 b　木村さんたちも一緒に行きましょう。

　「同質複数」とは,(22)aのように聞き手の一人ひとりが「あなた」になることができる複数のことで,「近似複数」とは,(22)bのように聞き手の一人ひとりが「木村さん」になることはできない複数のことである。つまり,前者は複数の聞き手を表すことができるが,後者は複数の聞き手を表すことはできず,特定の聞き手である「木村さん」に代表されるグループを表しているのである[11]。

　田窪(1997)にもとづいて言えば,この違いは対称代名詞と固有名詞の値の与え方と関係している[12]。つまり,「あなた」は聞き手を表すという指定しか持

11　もちろん,(22)aの「あなたたち」は,(22)bのように,聞き手「あなた」に代表されるグループを表すことも可能である。

12　これに関連して田窪(1997)は,「固有名詞・定記述は,すでに特定の値を与えられており,その複数形はその値の複数形ではありえない。同じ人間は一人しかいないからである。これに対し,二人称代名詞は聞き手を表すという指定しかない。したがって,「「君」+「たち」」の解釈は,「「聞き手」+「複数」」であり,「聞き手」に値を入れずに複数の解釈をすることが可能であり,グループ解釈以外に,複数の聞き手という解釈も自然に得られる。(p.18)」と述べている。

たないが，特定人物の名前である「木村さん」はすでに特定の値を与えられている[13]。

このような日本語での複数形接尾辞の2通りの意味解釈に対して，韓国語の複数形接尾辞「들 tul」はどう対応しているか考察してみよう。

(23) a 당신들도 같이 갑시다.

　　(あなたたちも一緒に行きましょう。)

　　b *기무라씨들도 같이 갑시다.

　　(木村さんたちも一緒に行きましょう。)

(23) a は (22) a の韓国語訳で，(23) b は (22) b の韓国語訳である。「同質複数」を表す (23) a は適切だが，「近似複数」を表す (23) b は不適切である。つまり，韓国語では，固有名詞や定記述に複数形接尾辞「들 tul」を後接して，特定の聞き手に代表されるグループを表すことはできない[14]。

第1節で提示した韓国の新聞記事の日本語訳を，ここで再び取りあげる。

韓国人4人　シドニー　脱獄犯たち[1] に拉致。…（中略）…脱走犯たち[2] はこの車での逃走中,現地の警察たち[3] が追跡してくると人質たち[4] を解放し，シドニー近辺のマリックビル地域に車を捨てて逃走した。李代弁人は，人質4人中2人は大韓体育会総務任員ユン・ゾング氏など[5] 韓国選手団の任員たち[6] で，ほかの2人はオリンピックボランティア活動をしている韓国人同胞の妊婦など[7] であると確認されたと伝えた。人質になっていたユン氏など[8] を対象に拉致の経緯を調査しており，妊婦は近辺の病院に移送され治療中である。

この記事の中で「近似複数」に該当するものは，固有名詞の名前に後接している [5] と [8]，定記述の「妊婦」に後接している [7] である。韓国語の複数形接尾辞「들 tul」は「近似複数」を表せないため，この記事の韓国語版では「など」の意味を持つ名詞「등 tung」が使われている[15]。これが日本の新聞

13　このような側面から，「わたしたち」などの自称詞は，発話時点ですでに「話し手」という特定の値を与えられるので，「わたし」に代表されるグループという解釈しかできない。「話し手」という指定は，「聞き手」という指定とは違って，複数になることが不可能であり，固有名詞のような特定の値として認識されるからである。

14　この論については，山越 (2001) もつぎのように述べている。「＊朝鮮語（一般的な複数接尾辞：-dul）-dul：「－たち」共起範囲が広く，「山」や「車」など無生物にも接続する例が普通に見られる。また -dul は人称代名詞には接続するが固有名詞には接続せず，(中略) 親族名詞に接続しても近似複数の意味にはならないという（金恒㳍氏による）。(p.269)」ちなみに，引用文の中のローマ字表記「-dul」は本書の表記では「들 tul」となる。

15　韓国語の文法では，「등 tung」は接尾辞ではなく，不完全名詞として分類される。

164

記事であれば，上記の日本語訳の「など」は複数形接尾辞「ら」に置き換えられたであろう[16]。

ところが，つぎの対訳資料からの例を見てみよう。

   (24) a <u>お母さんたち</u>はほっといて，一緒に一杯やりましょ。　　　　［サイ］

      b <u>어머니들</u> 저러게 놔두고 우리라도 술이나 한잔 하자 .

      （<u>お母さんたち</u>はあのままおいといて，私たちはお酒でも一杯やりましょう。）　　　　　　　　　　　　　　　　　　　　　　　　［무소］

（24）bでは，定記述の「emeni（お母さん）」に「들 tul」が後接している。このように，韓国語でも定記述に「들 tul」が後接すること自体は可能である。ただし，ここでの複数の指示対象は，全員が「お母さん」という位置にある人でなければならない。つまり，（24）bでの「emenitul（お母さんたち）」はひとりの「お母さん」に代表されるグループを表すのではなく，「お母さん」という値を与えられた複数の聞き手を指示していると考えるのが普通である。よって，ここでの複数形接尾辞「들 tul」は「近似複数」ではなく，「同質複数」として用いられている。同じく，つぎの例を見てみよう。

   (25) a ちがうの，よその<u>お父さん</u>はそこまではしないわよ。　　［アボジ］

      b 아니야 , 다른 <u>아빠들</u>은 그렇게까지는 안해 .

      （ほかの<u>お父さんたち</u>はそこまではしないわよ。）　　　　　［아버지］

（25）では，日本語版で単数形の定記述を用いているのに対し，韓国語版では「들 tul」を後接している。しかし，あくまでもこの「들 tul」は「同質複数」の用法として使われているのであり，「近似複数」としての役割はまったくないのである。

上記の例のような定記述には，指示対象の全員に同じ特定の値が与えられてさえいれば，複数形接尾辞「들 tul」が後接可能であるが，名前などの固有名詞にはどうしても「同質複数」としての解釈はできない。よって，韓国語では名前などの固有名詞に複数形接尾辞「들 tul」が後接することは不可能である。

３．意識調査による日本語と韓国語の複数形接尾辞の対照
３．１　調査の概要

本節の目的は，日本語母語話者と韓国語母語話者に意識調査を行うことで，

16　この判断は，日本語母語話者へのサンプル調査の結果による。

第 2 節で明らかになった日本語と韓国語の複数形接尾辞の頻度と使用範囲の差, 用法の違いについて検証することである。

　まず, 3.2 では,「普通名詞＋複数形接尾辞」の形式, 3.3 では「複数名詞＋複数形接尾辞」の形式について, 日本語母語話者と韓国語母語話者の意識を調べる。調査の方法としては, まったく同じ発話を提示し, 発話中の空欄に入る形式として,「人名詞」のみと「人名詞＋複数形接尾辞」のうち, どちらかを選択してもらった。

　つぎに, 3.4 では, 韓国語での複数形接尾辞「들 tul」と「네 ney」の「近似複数」の用法について, 韓国語母語話者の意識を調べる。そのため, 近似複数しか表せない「固有名詞＋複数形接尾辞」の形式が含まれた発話について, 被験者がどの程度の違和感を持つのか, 4 段階の容認度レベルから選択してもらった。

　以下に, 調査対象と内容について, 簡単にまとめておく。

1 ）調査期間：2001 年 10 月～ 11 月
2 ）調査対象：日本語母語話者 575 人と韓国語母語話者 431 人の合計 1006 人。
　　国別と性別に分けてみると, 表 3 のとおりである。
3 ）調査地域：日本語母語話者に対する調査は, 東京を中心とした関東地域と大阪を中心とした関西地域で行った。一方, 韓国語母語話者に対する調査は, ソウルを中心とした京畿道地域と江陵を中心とした江原道地域で行った。
4 ）その他：日本と韓国ともに被験者の年齢層は中学生以上に限定した。また, 韓国語母語話者の場合, 日本語学習歴がないか 2 年以下であること, なお, 日本に長期滞在の経験がないことを条件とした。

表 3 国別・性別による被験者の人数

（　）内は％（以下同様）

	男性	女性	合計
日本	247 (43.0)	328 (57.0)	575 (100.0)
韓国	139 (32.3)	292 (67.7)	431 (100.0)
合計	386 (38.4)	620 (61.6)	1006 (100.0)

3.2　普通名詞と複数形接尾辞との共起

　この内容に関連して本調査で提示した設問項目は, 以下の日本語版の［場面 9 ］と韓国語版の［장면 20］である。「若者」という普通名詞を例として取りあげ, これが文脈によって不特定多数を表している場合,「普通名詞のみ」と「普通名

詞＋複数形接尾辞」のうち，どちらを多く選択するのかを調べた。両言語版はまったく同じ内容であり，被験者が選択するときの負担を減らすため，「どちらでも良い」という選択肢も加えている。この分析結果を表4に示す。

【日本語版】

　［場面9］ある老人が自分の孫に次のように話します。

　　　「最近の◻︎◻︎◻︎は年寄りを敬う気持ちがないんだ」

　　　1．若者　　　　　2．若者たち　　　　3．1と2どちらでも良い

【韓国語版】

　［장면 20］한 노인이 손자에게 이야기하고 있습니다.

　　　"요즘◻︎◻︎은 (는) 노인을 공경할 줄 몰라서 걱정이야."

　　　1．젊은이들　　　2．젊은이　　　　3．1과 2 둘 다 좋다.

表4　両言語母語話者における「普通名詞＋複数形接尾辞」の使用頻度

	（1）普通名詞のみ	（2）普通名詞＋複数形接尾辞	（3）どちらでも良い	合計
日本	472 （83.0）	44 （7.7）	53 （9.3）	569 （100.0）
韓国	35 （8.2）	328 （76.8）	64 （15.0）	427 （100.0）

＊データ分析の際，日本語母語話者に6個，韓国語母語話者に4個の欠損値が生じた。

　日本語母語話者の最多回答は（1）の「普通名詞のみ」，韓国語母語話者の最多回答は（2）の「普通名詞＋複数形接尾辞」である。両言語間でまったく反対の結果となっており，この結果は，χ^2検定により0.1％水準で有意差が認められた（$\chi^2_{(2)}=586.2$, $p<.001$）。

　ただし，本調査の目的は，複数形接尾辞を後接するか否かを調べることである。よって，「どちらでも良い」という回答を分析結果から除き，（1）と（2）の回答のみにもとづき，百分率のグラフで示したのが図1である。

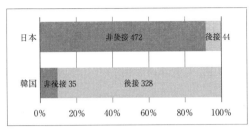

図1 両言語母語話者における「普通名詞＋複数形接尾辞」の選択率

　図1のグラフから見ると，普通名詞と複数形接尾辞の関係において，両言語母語話者における差はより顕著である。具体的な数値として，日本語母語話者は「複数形接尾辞の非後接」が91.5％，「複数形接尾辞の後接」が8.5％であるのに対し，韓国語母語話者は「複数形接尾辞の非後接」が9.6％，「複数形接尾辞の後接」が90.4％である。ちなみに，グラフの中の各データラベルの数値は頻度を表しており，以降の他のグラフにおいても同様である。

　以上のことから，普通名詞を用いて不特定多数を指示する場合，日本語母語話者はできるだけ複数形接尾辞を後接せず，韓国語母語話者はできるだけ複数形接尾辞を後接するという傾向が検証された。

3.3　複数名詞と複数形接尾辞との共起

　この内容に関連して本調査で提示した設問項目は，以下の日本語版の［場面8］と韓国語版の［장면 17］である。「観衆」という複数名詞を例として取りあげ，「複数名詞のみ」と「複数名詞＋複数形接尾辞」のうち，どちらを多く選択するのかを調べた。この分析結果を表5に示す。

【日本語版】

　［場面8］オリンピック競技を中継しているアナウンサーのコメントです。
　　　「競技場では大勢の□□□□が手を振って応援しています」
　　　　1．観衆　　　　　2．観衆たち　　　　3．1と2どちらでも良い

【韓国語版】

　［장면 17］올림픽 경기를 중계하고 있는 아나운서가 다음과 같이 말합니다．
　　　"경기장에서는 많은□□□□이 손을 흔들며 응원하고 있습니다．"
　　　　1．관중들　　　　2．관중　　　　3．1과 2 둘다 좋다．

168

表5 両言語母語話者における「複数名詞＋複数形接尾辞」の使用頻度

	（1） 複数名詞のみ	（2） 複数名詞＋ 複数形接尾辞	（3） どちらでも良い	合計
日本	493 （85.7）	41 （7.1）	41 （7.1）	575 （100.0）
韓国	94 （22.0）	251 （58.8）	82 （19.2）	427 （100.0）

＊韓国語母語話者のデータ分析の際，4個の欠損値が生じた。

　日本語母語話者の最多回答は（1）の「複数名詞のみ」，韓国語母語話者の最多回答は（2）の「複数名詞＋複数形接尾辞」である。表4の結果と同じく，両言語間で反対の結果となっており，この結果は，χ^2検定により0.1％水準で有意差が認められた（$\chi^2_{(2)}=423.3$, $p<.001$）。ここでも，「どちらでも良い」という回答を分析から除き，その結果を図2に百分率のグラフで示した。

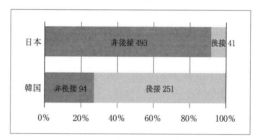

図2 両言語母語話者における「複数名詞＋複数形接尾辞」の選択率

　図2のグラフから見ると，複数名詞と複数形接尾辞の関係において，両言語母語話者の間には大きな差がある。具体的な数値として，日本語母語話者は「複数形接尾辞の非後接」が92.25％，「複数形接尾辞の後接」が7.75％であるのに対し，韓国語母語話者は「複数形接尾辞の非後接」が27.2％，「複数形接尾辞の後接」が72.8％である。

　以上のことから，複数名詞を用いる際に，日本語母語話者はできるだけ複数形接尾辞を後接せず，韓国語母語話者はできるだけ複数形接尾辞を後接するという傾向が検証された。とりわけ，日本語母語話者の回答には強い偏りが見られ，複数名詞への複数形接尾辞の後接について違和感を強く持っていることがわかる。

　ここで，表4と表5の結果を比較してみよう。日本語母語話者の最多回答（1）の選択率は，表4で83.0％，表5で85.7％あり，両者に大きな差はない。これに対し，韓国語母語話者の最多回答（2）の選択率は，表4で76.8％，表5

で 58.8％あり，かなりの差が見られている。すなわち，［장면 17］での「관중 kwancwung（観衆）」のようにもともと語彙そのものが複数を表す複数名詞に比べ，［장면 20］での「젊은이 celmuni（若者）」のように，もともとは単数でも複数でも用いられるが，文脈から複数（＝不特定多数）と判断できる普通名詞のほうに，より積極的に複数形接尾辞を後接しようとする傾向が見られる。

3．4　近似複数としての複数形接尾辞の使用

　2．4 で，複数形接尾辞の近似複数の用法と関連して，日本語と韓国語との違いについて述べた。日本語の複数形接尾辞が同質複数と近似複数の両方を表すことができるのに対し，韓国語の複数形接尾辞「들 tul」は近似複数の用法を持たないため，名前などの固有名詞に後接することはできないということである。引きつづき，ここでは，近似複数の用法についての韓国語母語話者の使用意識を調べ，韓国語の複数形接尾辞「들 tul」が近似複数の意味では使われにくいということを実態として検証する。

　ただし，今回は，韓国語の複数形接尾辞「들 tul」だけではなく，「네 ney」も分析の対象とする。くり返し強調したように，韓国語でもっとも一般的な複数形接尾辞は「들 tul」であり，これがほとんどの複数概念を表している。「네 ney」は「들 tul」に比べると使用範囲が非常に狭く，バラエティに乏しい。大阪外国語大学朝鮮語研究室（1986）には，「들 tul」と「네 ney」の意味の違いについて，「들은 数に対する指示であり，네は基本的な利害を共通にする仲間内という集団指示であるといえる。（p.733）」と記述されている[17]。

　2．2 での対訳資料の分析結果である表 1 の中で，日本語版の「たち」が韓国語版で「들 tul」ではなく「네 ney」に対応しているのが 2 例見られた。

　ここに，対訳資料から「네 ney」の使用例をあげる。

　（26）a　けど，<u>おばさん達</u>は，身投げと思わはったんです。　　　　　［一月］

---

[17]　李（1975）には，「네 ney」の歴史的な変遷に関して，つぎのような記述がある。「（中世語で）名詞の複数形は接尾辞 -들をもった。これは平称であり，尊称は -내 nay をもった。（p.166）」「（近代語では）複数の接尾辞は -들と -네であった。これらは各々中世語の -ᄃᆞᆯと -내からの変化であったが，-네はすでに尊称ではなかった。（p.232）」

　また，現代韓国語での敬語差の薄さについては，大阪外国語大学朝鮮語研究室（1986）でも「들と네，特に人に付される場合，들と네に敬語法上の差異が認められるとされるが，現代朝鮮語においては敬語という色合いは薄く上下の明確な対立は認められない。（p.733）」という言及が見られる。

b 하지만 <u>아줌마네</u>는 언니가 스스로 몸을 던졌다고 생각했지요.

（けど，<u>おばさんたち</u>は姉さんが自分で身を投げたと思ったんです。）

[달]

（26）a の日本語文だけでは，「おばさん達」が指す指示対象がどのような集まりなのかがはっきりしない。つまり，全員が「おばさん」という値を持っている人たちの「同質複数」か，それとも「おばさん」と呼ばれるひとりを代表とする関連人物の「近似複数」かのどちらにでも解釈が可能である。一方，(26) b の韓国語文での「<u>아줌마네</u> ajummaney」は，「おばさん家」，または「おばさんの家族」の意味合いが強く，「近似複数」の解釈しか持たない。以下の例を見るとより明確である。

（27）a <u>おばさん達</u>は，お滝さんが子を孕んではる云う話は，一応秘密にしてはったんですけど，　　　　　　　　　　　　　　　　　[一月]

　　　b <u>아줌마네</u> 식솔들은 다키 언니가 애를 가졌다는 이야기는 일체 비밀로 했지만도,

（<u>おばさんちの家族たち</u>は，滝姉さんに子どもができたことは一切秘密にしたけど，）　　　　　　　　　　　　　　　　　　[달]

（28）a <u>あんたたち兄弟</u>みんなが大学落ちた時のことがあるからね。[サイ]

　　　b 작은 어머니 <u>니네 형제들</u> 대학 떨어졌을 때 꽤나 마음 상하셨나 보다.

（おばさんは，<u>あんたとこの兄弟たち</u>が大学に落ちたときかなり気落ちしたみたいだね。）　　　　　　　　　　　　　　　　[무소]¹⁸

（27）b と（28）b の日本語訳を見ればわかるように，韓国語での「人称詞＋네 ney」は確実に「家」「家族」という意味が強い。「네 ney」が非常にバラエティに乏しい複数形接尾辞であるにもかかわらず，ここで分析対象に加えた理由は，上記の例（26）〜（28）で見たように，韓国語では，「들 tul」の代わりに「네 ney」が近似複数の用法を持っていると判断したからである。

　このことについて，韓国語版の調査票で提示した設問項目は，以下の［장면 10］と［장면 11］である。［장면 10］では「들 tul」，［장면 11］では「네 ney」を調査対象としている。ちなみに，ここでは便宜上，もとの韓国語版の調査票にはない日本語訳を加えた。

18　この用例は，「人称代名詞＋네 ney」の例であるため，表 1 での「たち」に対する「네 ney」対応の例としてはカウントされていない。

【韓国語版】

　［장면 10］대표자가 창호씨인 모임의 사람들을 통 털어서 "창호씨들"이라고 말한다.

　　（代表者がキム・チャンオ氏である集まりの人たちをひっくるめていうとき，「チャンオさん<u>たち</u>」という。）

　　예）창호씨<u>들</u>도 함께 가시죠.

　　（例）チャンオさん<u>たち</u>も一緒に行きましょう。）

　［장면 11］대표자가 창호씨인 모임의 사람들을 통 털어서 이야기할 때 "창호씨<u>네</u>"라고 말한다.

　　（代表者がキム・チャンオ氏である集まりの人たちをひっくるめていうとき，「チャンオさん<u>たち</u>」という。）

　　예）창호씨<u>네</u>도 함께 가시죠.

　　（例）チャンオさん<u>たち</u>も一緒に行きましょう。）

　これらの質問に対する回答は，４段階の容認度レベルを選択肢として提示し，この中から１つを選択してもらう方法で行った。提示された選択肢は，（1）まったく違和感がない，（2）それほどの違和感はない，（3）若干違和感がある，（4）非常に違和感がある，の４つである。これらの分析結果を表6に示す。

表6　韓国語母語話者の複数形接尾辞の近似複数の用法に対する意識

	（1）	（2）	（3）	（4）	合計
장면 10（들 tul）	7 (1.8)	76 (19.0)	124 (31.0)	193 (48.3)	400 (100.0)
장면 11（네 ney）	44 (10.9)	195 (48.5)	99 (24.6)	64 (15.9)	402 (100.0)

＊データ分析の際，［장면 10］で 31 個，［장면 11］で 29 個の欠損値が生じた。

　［장면 10］での最多回答は（4）の「非常に違和感がある」で，［장면 11］での最多回答は（2）の「それほど違和感はない」である。この結果を，（1）と（2）を合わせて「違和感がある」，（3）と（4）を合わせて「違和感がない」にまとめて百分率のグラフにしたのが図3である。

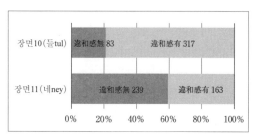

図3 韓国語母語話者の複数形接尾辞の近似複数の用法に対する意識

　[장면10] での複数形接尾辞「들 tul」の場合，79.3％の人が近似複数の用法について違和感を持っている。これに比べ，［장면11］の複数形接尾辞「네 ney」の場合，59.5％の人が違和感がないと回答している。よって，もっとも一般的な複数形接尾辞の「들 tul」の代わりに，狭い範囲でしか使われない「네 ney」のほうが近似複数を表しやすいことが明らかになった。

　しかし，「네 ney」が近似複数を表すためには，ある程度満たすべき条件がある。(27) と (28) の例でも触れたように，「네 ney」が指す指示対象が「家」や「家族」など，集団指示でなければならない。今回の意識調査でも，「「네 ney」は家族でないと使えない」「その集まりが家族なら，「네 ney」使用に違和感はない」と備考欄にコメントした被験者が多数見られた。

４．まとめ

　以上，文学資料と意識調査にもとづき，日本語と韓国語の複数形接尾辞を考察した。これによって，両言語の複数形接尾辞の相違点と特徴が明らかになった。

　まず，韓国語での複数接尾辞の使用頻度が，日本語でのそれに比べて非常に高いということがいえる。これは，第二部で日本語と韓国語の人称詞を対照した結果で明らかになった，人称詞使用における傾向と同様である。

　韓国語で複数接尾辞の高い使用頻度に影響を与える要因について，つぎの２点にまとめることができる。

　（１）普通名詞が指示する対象が不特定多数である場合，日本語では複数形接尾辞を後接しない。しかし，韓国語ではできるだけ複数形接尾辞を後接し，それらが複数であることを形式的に明確にしようとする傾向が強い。

（2）日本語の場合，複数名詞や集合名詞には複数形接尾辞を後接しないのが普通であるが，韓国語の場合，このような名詞類にもできるだけ複数形接尾辞を後接する。

このような人名詞の種類による複数形接尾辞との共起度の違いが，日本語と韓国語での複数形接尾辞の使用頻度の差に直接影響していると考えられる。

また，韓国語の複数形接尾辞とは異なる日本語の複数形接尾辞の特徴として「近似複数」の用法がある。この用法についての結果は，つぎの 2 点にまとめることができる。

（3）日本語の複数形接尾辞「たち」は，「同質複数」とともに「近似複数」も表すことができる。しかし，韓国語でもっとも一般的な複数形接尾辞である「들 tul」は「近似複数」を表せない。

（4）「들 tul」の代わりに，韓国語で「近似複数」を表しやすい複数形接尾辞として「네 ney」がある。しかし，これはあくまでも家族などの集団複数の指示に使われる接尾辞であり，非常に限られた範囲でしか用いられない。

以上の 4 点が，日本語と韓国語の複数形接尾辞の相違点として明らかになった。

終章
結論と今後の課題

1. 結論

　以上，日本語人称詞について，社会言語学的観点から考察を行った。現代日本語での通時的・共時的考察と，韓国語人称詞との対照，周辺形式としての複数形接尾辞に関する考察という3つの観点に分けて詳細な分析を行った結果，つぎのような結論を導くことができた。

1.1　日本語人称詞の通時的変遷と共時的相違

　第1章では，日本語人称詞を通時的に考察するため，時代別の文学作品をもとにして，各時代の資料に現れた人称詞の傾向を調べた。

　まず，各作品の中で人称詞の出現頻度を分析した結果，全体的な人称詞の変化の流れとして，つぎの2点が明らかになった。

（1）自称詞「おれ」と「あたし」の出現率上昇の傾向が著しい。第1期から第3期までと分類した文学資料の時代差は最大104年であるが，この間「おれ」と「あたし」は急速に自称詞の主流として成長することになった。

（2）対称詞「あなた」と「きみ」の出現率の低下と，「おまえ」と「あんた」の出現率の上昇の傾向が著しい。各対称詞の性別使用層を考慮すると，男性は「きみ」から「おまえ」へ，女性は「あなた」から「あんた」へのシフトの傾向が見られる。

　つぎに，「ぼく」と「おれ」の出現頻度の変化を調べた結果，つぎの3点が明らかになった。

（3）「ぼく」に対する「おれ」の出現率が急増している。

（4）「きみ」「おまえ」の出現率には，「ぼく」「おれ」とまったく同様の変化が見られており，「ぼく」と「きみ」，「おれ」と「おまえ」の対使用の傾向は定着している。

（5）時代別に「ぼく」「おれ」の丁寧体率の変化を調べた結果，両者ともに，丁寧体との共起率が高くなっている。

　以上の「ぼく」と「おれ」についての分析結果から，「使用範囲の拡大」と，「待遇度による使い分けの限界」という2つの結論を出すことができた。

　第2章では，日本語人称詞を共時的に考察するため，日本語母語話者を対象に意識調査を行った。自称詞「ぼく」「あたし」「おれ」の待遇度，男性自称詞「わし」「おれ」の使用層，対称詞「きみ」の使用層という3つの項目について，日本語母語話者の容認度を調べた。また，これらの項目において世代差，男女差，地域差が見られるかどうかを考察した。

　その結果，つぎの6点が明らかになった。

（1）フォーマルな場面での自称詞として，「ぼく」に対しては「わたし」へのシフトが必要だという意識は弱い反面，「あたし」と「おれ」に対しては「わたし」や「ぼく」へのシフトが必要だという意識が強い。

（2）男性自称詞「わし」を老人語とする意識はそれほど強くなく，幼稚園児の用いる「おれ」に対する容認度も高いため，「わし」「おれ」の使用層に対する意識は広くなっている。

（3）「きみ」と「おれ」の対使用に対する容認度は高いが，女性の用いる「きみ」に対する容認度は低く，「きみ」を男性対称詞とする意識が強い。

（4）「世代差」の視点から見ると，多くの発話場面で高年層の容認度が低く，とりわけ「わし」の使用層に対する容認度は著しく低い。なお，「きみ」の「おれ」との対使用と使用層に対する容認度では，中年層が若年層よりも高く，「きみ」の使用に積極的である。

（5）「男女差」の視点から見ると，「あたし」の待遇度や女性の用いる「きみ」など，女性に直結している場面に対する女性の容認度が非常に低い。なお，会社場面での自称詞の使い分けに対する意識も，女性のほうでより厳しい。

（6）「地域差」の視点から見ると，関西では，「わし」の使用層に対する容認度が高く，「きみ」と「おれ」の対使用に対する容認度が低いという特徴が見られる。また，自称詞の待遇度に対する容認度はすべて関東のほうで低く，使い分けの意識が強く見られる。

1.2　韓国語との対照から見た日本語人称詞

　第3章では，日本語と韓国語の人称詞を対照するため，日本語と韓国語で書かれた文学作品を分析した。両言語での資料に表れる人称詞の使用頻度の差に

ついて考察した結果，日本語より韓国語で人称詞が多用されるということがわかった。それに影響する要因として，つぎの6点が明らかになった。

（1）授受表現と受動文は，日本語でより頻繁に使われており，これらが指示対象への推論を容易にすることによって，日本語文での人称詞の省略を促す役割を果たしている。

（2）韓国語の名乗り表現では，自称詞多用の傾向が見られ，それに影響を与える要因として，文形式のパターン化と自称詞のフィラー的用法が考えられる。

（3）韓国語の勧誘表現では，複数形自称詞「우리 wuli」が多く用いられ，それに影響を与える要因として，勧誘語尾の他表現語尾への対応と複数形自称詞の呼びかけ的役割が考えられる。

（4）韓国語文では，複数形自称詞「우리 wuli」が連体修飾語としてよく使われているが，日本語文では省略されやすい。これは，語彙によって「内」と「外」が区別できる日本語の特徴によるものと考えられる。また，連体修飾語としての「우리 wuli」は，日本語の「ぼく」と同じく，聞き手との間に「抱合的視点」を取る場合がある。

（5）日本語の「自分」は韓国語の「자기 caki」に比べて広い範囲で使われる。とりわけ，「自分 / 자기 caki」が自称を表す場合，その使用範囲の差は大きい。

（6）「好きだ」「嫌いだ」が使われた表現，「〜てくる」「〜ていく」が使われた表現，謙譲語が用いられた表現の中で，日本語では人称詞が省略されやすい。これは，指示対象への推論の容易さによるものと考えられる。

第4章では，日本語と韓国語の人称詞を対照するため，日本語母語話者と韓国語母語話者を対象に意識調査を行った。

まず，文要素による人称詞使用についての考察では，つぎの5点が明らかになった。

（1）日本語母語話者には，授受表現を多く用いる傾向が見られ，このような文中では，できるだけ人称詞を明示しない傾向が強い。

（2）韓国語母語話者は，名乗り表現の文頭に自称詞を明示する傾向が強い。一方，名乗り表現での文形式のパターン化は，日本語母語話者により強く現れる。

（3）韓国語母語話者は，勧誘表現の文頭に複数形自称詞を明示する傾向が強い。これは，韓国語母語話者が，勧誘文のほかに平叙文や疑問文，命令文にも対応できる文末語尾「〜아 / 어요 a/eyo」の使用を好むからである。

（4）韓国語母語話者は，複数形自称詞を連体修飾語として用いる傾向が強い。これは，韓国語母語話者が，単数であるべき箇所にも違和感なく複数形自称詞を連体修飾語として用いることと関連が深い。

（5）日本語母語話者は，再帰代名詞「自分」を多く用いる傾向がある。一方，韓国語母語話者は，再帰代名詞「자기 caki」の代わりに自称代名詞を用いる傾向が強い。

つぎに，聞き手による人称詞使用についての考察では，つぎの2点が明らかになった。

（6）日本語母語話者には，人称詞として「名前」を多く用いる傾向が見られる。一方，韓国語母語話者には，「人称代名詞」を多く用いる傾向が見られる。

（7）韓国語母語話者は，年上の人に対する対称詞として「定記述」を用いる傾向が強い。一方，日本語母語話者は，このような場面で「定記述」の使用に消極的で，「名前」を用いることで適切な距離感を維持している。

また，場面による人称詞使用についての考察では，つぎの2点が明らかになった。

（8）韓国語母語話者が用いる自称詞「나 na」は，日本語母語話者が用いる自称詞「ぼく」に比べて待遇度における使用範囲が狭い。

（9）韓国語母語話者は，自分の家族や所属グループでない相手に，複数形自称詞を連体修飾語として用いることに対して違和感が少ない。

1.3　人称詞の周辺形式としての複数形接尾辞

第5章では，日本語の複数形接尾辞「たち」と「ら」の使い分けについて考察するため，映画シナリオの分析と日本語母語話者に対する意識調査を行った。

まず，映画シナリオの分析を行った結果，つぎの4点が明らかになった。

話し手の属性と関連して，

（1）関東では「たち」，関西では「ら」の使用頻度が高い。

（2）関東では，女性に比べて男性の「ら」の使用頻度が高い。一方，関西

のほうでは，このような傾向は認められない。

発話内容と関連して，

（3）丁寧体の発話に比べて普通体の発話で「ら」が使われやすい。ただし，このような傾向は，分析対象を関東の男性に限定した場合は認められない。

（4）聞き手包含の発話に比べて聞き手非包含の発話で「ら」が使われやすい。とりわけ，このような傾向は，分析対象を関東の男性に限定した場合により明確に見られる。

つぎに，意識調査の分析を行った結果，つぎの4点が明らかになった。

（5）「聞き手の包含・非包含」によって被験者の「たち」と「ら」の選択率に差が見られ，聞き手包含の発話に比べて聞き手非包含の発話で「ら」を多く用いる傾向がある。

（6）「仲間意識の有・無」によって被験者の「たち」と「ら」の選択率に差が見られ，仲間意識がある発話に比べて仲間意識がない発話で「ら」を多く用いる傾向がある。

（7）発話の話し手の性別によって被験者の「たち」と「ら」の容認度に差が見られ，男性の発話に比べて女性の発話での「ら」使用に違和感が大きい傾向がある。

（8）被験者の出身地によって「たち」と「ら」の容認度に差が見られ，関西出身の被験者に比べて関東出身の被験者が「ら」使用に違和感が大きい傾向がある。

第6章では，日本語の複数形接尾辞と韓国語の複数形接尾辞を対照するため，文学資料の分析と両言語母語話者に対する意識調査を行った。これによって，両言語の複数形接尾辞の相違点と日本語複数形接尾辞の特徴が明らかになった。

まず，韓国語での複数接尾辞の使用頻度が，日本語でのそれに比べて非常に高いということがわかった。これは，第二部で日本語の人称詞と韓国語の人称詞を対照した結果で明らかになった傾向と同じである。

韓国語で複数接尾辞の使用頻度が高いことに影響する要因として，つぎの2点が明らかになった。

（1）普通名詞が指示する対象が不特定多数である場合，日本語では複数形接尾辞を後接しない。しかし，韓国語ではできるだけ複数形接尾辞を後接し，それらが複数であることを形式的に明確にしようとする傾向

が強い。

（2）日本語の場合，複数名詞や集合名詞には複数形接尾辞を後接しないのが普通であるが，韓国語の場合，このような名詞類にもできるだけ複数形接尾辞を後接する。

また，韓国語の複数形接尾辞とは異なる日本語の複数形接尾辞の特徴として「近似複数」の用法がある。それに関連して，つぎの2点が明らかになった。

（3）日本語の複数形接尾辞「たち」は，「同質複数」とともに「近似複数」も表すことができる。しかし，韓国語でもっとも一般的な複数形接尾辞である「들 tul」は「近似複数」を表せない。

（4）「들 tul」の代わりに，韓国語で「近似複数」を表しやすい複数形接尾辞として「네 ney」がある。しかし，これはあくまでも家族などの集団複数指示に使われる接尾辞であり，非常に限られた範囲でしか用いられない。

2．今後の課題

本研究では，社会言語学的観点にもとづいて，多様な側面から日本語人称詞を分析・考察した。その結果，前述したようなさまざまな結論が引き出された。しかし，まだいくつかの課題が残る。

まず，第一部では，日本語人称詞を通時的・共時的に考察したが，本調査の分析対象は人称詞の中でも人称代名詞に限られた。もちろん，人称詞の変化に注目した研究の中で人称代名詞が持つ比重は大きい。よって，実際の分析において定記述や固有名詞までを対象に含めることは，もっとも重要な変化や相違点がぼやけてしまうおそれがあると判断したのである。

しかしながら，人称代名詞の変化や相違点ほどではないとしても，定記述や固有名詞にもそれなりの通時的変遷と共時的相違があるに違いない。本研究ではそれに関する言及がまったくなかったため，通時的・共時的考察による日本語人称詞の全体像の把握には至っていないといえるのかもしれない。したがって，今後は人称代名詞と別にして，定記述や固有名詞に注目した通時的・共時的考察が必要であると考える。

つぎに，第二部では，日本語と韓国語の人称詞を対照するにあたって，韓国人日本語学習者の人称詞過剰使用の傾向を糸口としたため，主として韓国語での人称詞多用の要因についての考察と分析になった。しかし，第3章で使用し

た文学資料では，韓国語版に表れていない人称詞が日本語版のみに表れた場合も少なくなく，両言語の人称詞の頻度差を考察する上で，議論すべき部分であると考えられる。なお，今回の調査で取りあげた要因は，全体の人称詞の頻度差から見るとまだ狭い範囲であるため，今後は，さらに広い視野からの研究が必要であろう。

　また，第三部では，日本語の複数形接尾辞について分析・考察したが，ここでの考察範囲は，人称詞の周辺形式としての複数形接尾辞に限られた。それゆえ，複数形接尾辞の全体像についての考察が行われたとはいいがたい。さらに，複数形接尾辞の中でも，本研究では，日本語の「たち」と「ら」，韓国語の「들tul」に考察の焦点が当てられていたため，そのほかの複数形接尾辞については詳細な研究が行われなかった。今後，人称詞とは分離した複数形接尾辞についてのより総合的な考察が必要であると考える。

分析資料

（［ 　］は略語）

『CD-ROM 版新潮文庫の 100 冊』，1997 年，新潮社

『CD-ROM 版新潮文庫明治の文豪』，1997 年，新潮社

シナリオ作家協会（編）『年鑑代表シナリオ集』，1997 年〜1999 年，映人社

『韓国日報』，2000 年 9 月 19 日，URL:http://www.hankooki.com/hankook.htm

村上春樹著『蛍・納屋を焼く・その他の短編』，新潮文庫，1987 年　　　　　　　［蛍］

村上春樹著권남희訳『개똥벌레 헛간을 태우다 그 밖의 단편』，창해，2000 年　［개똥벌레］

吉本ばなな著『キッチン』，福武書店，1988 年　　　　　　　　　　　　　［キッチン］

吉本ばなな著김난주訳『키친』，민음사，1998 年　　　　　　　　　　　　　　［키친］

新美南吉著『新美南吉童話集』，岩波文庫，1996 年　　　　　　　　　　　　　［新美］

新美南吉著조양욱訳『금빛여우』，현대문학북스，2001 年　　　　　　　　　　［금빛］

鈴木光司著『リング』，角川ホラー文庫，1998 年　　　　　　　　　　　　　［リング］

鈴木光司著윤덕주訳『링』，CNC MEDIA，1998 年　　　　　　　　　　　　　　［링］

平野啓一郎著『一月物語』，新潮社，1999 年　　　　　　　　　　　　　　　　［一月］

平野啓一郎著양윤옥訳『달』，문학동네，1999 年　　　　　　　　　　　　　　　［달］

이문열著『우리들의 일그러진 영웅』，민음사，1992 年　　　　　　　　　　　［영웅］

이문열著藤本敏和訳『われらの歪んだ英雄』，情報センター出版局，1992 年　　［英雄］

김정현著『아버지』，문이당，1996 年　　　　　　　　　　　　　　　　　　［아버지］

김정현著田嶋きよ子他訳『アボジ』，双葉社，1998 年　　　　　　　　　　　［アボジ］

공지영著『무소의 뿔처럼 혼자서 가라』，푸른 숲，1998 年　　　　　　　　　　［무소］

공지영著石坂浩一訳『サイの角のようにひとりで行け』，新幹社，1998 年　　　［サイ］

정석화著『쉬리』，한국출판협동조합，1999 年　　　　　　　　　　　　　　　［쉬리］

정석화著金重明訳『シュリ』，文春文庫，1999 年　　　　　　　　　　　　　［シュリ］

「ＫＹコーパス version1.1」 鎌田修・山内博之（他）科研「第二言語としての日本語の習得に関する総合研究」グループ　　　　　　　　　　　　　　　　　　　　　　［ＫＹ］

引用文献

庵功雄（2001）『新しい日本語学入門 ことばのしくみを考える』スリーエーネットワーク.

李基文（1975）『韓国語の歴史』大修館書店.

池上嘉彦（2000）『「日本語論」への招待』講談社.

伊豆山敦子（1992）「琉球方言の1人称代名詞」『国語学』171，pp.124-106（(1)-(19)），国語学会.

井出里咲子・任栄哲（2001）「人と人とを繋ぐもの－なぜ日本語に授受表現が多いのか」『言語』30-5，pp.42-45，大修館書店.

上林葵（2017）「関西方言における接尾辞「ラ」」『阪大社会言語学研究ノート』15，pp.59-71，大阪大学大学院文学研究科社会言語学研究室.

大阪外国語大学朝鮮語研究室（編）（1986）『朝鮮語大辞典』角川書店.

大野晋 他（編）（1994）『岩波古語辞典』（補訂版），岩波書店.

塩田雄大・山下洋子（2017）「"「高齢者」は，72歳7か月からである"～2017年「日本語のゆれに関する調査」から～」『放送研究と調査』2017年12月号，pp.44-62，NHK放送文化研究所

荻野綱男（1997）「敬語の現在－1997」『言語』26-6，pp.20-30，大修館書店.

尾崎喜光（1996）「学校の中の方言」，小林隆也（編）『方言の現在』pp.297-313，明治書院.

金谷武洋（2002）『日本語に主語はいらない』講談社.

金丸芙美（1993）「人称代名詞・呼称」『日本語学』12-5，pp.109-117，明治書院.

亀井孝 他（編）（1996）『言語学大事典』第6巻術語編，三省堂.

金慶珠（2001）「談話構成における母語話者と学習者の視点－日韓両国語における主語と動詞の用い方を中心に－」『日本語教育』109，pp.60-69．日本語教育学会.

金東俊（1989）「現代韓国語の対者待遇法の体系」『神田外語大学紀要』1，pp.87-111，神田外語大学.

金文京（1989）「人称代名詞の転位について」『慶應義塾大学言語文化研究所紀要』21，pp.51-74，慶応義塾大学言語文化研究所.

金榮順（1986）「日韓両国語の自称詞・対称詞の対照的考察」『国文学 研究と資料』9，pp.6-21，早稲田大学文学部辻村研究室.

小林美恵子（1997）「自称の獲得－高校生へのアンケート調査から－」『ことば』18，pp.12-26，現代日本語研究会.

小林美恵子（1999）「自称・対称は中性化するか」，現代日本語研究会（編）『女性のことば・職場編』pp.113-137，ひつじ書房.

小林美恵子 (2000)「対称詞の諸相－TVドラマ『ビューティフルライフ』に見る－」『ことば』21, pp.24-36, 現代日本語研究会.

小松寿雄 (1998)「キミとボク－江戸東京語における対使用を中心に－」『東京大学国語研究室創設百周年記念国語研究論集』pp.667-685, 汲古書院.

齊藤明美 (2010)「日本語と韓国語の複数形接尾辞について－「-たち」と「-들」を中心にして」『日本語学研究（일본어학연구）』第27集, pp.69-86, 韓国日本語学会（한국일본어학회）

佐久間鼎 (1943)『日本語の言語理論的研究』三省堂.

佐竹秀雄 (1999)「複数を示す「ら」」『日本語学』18-14, pp.19-22, 明治書院.

柴田武 (2000)「「古池や」の蛙は何匹か」『図書』4, pp.12-15, 岩波書店.

杉戸清樹・尾崎喜光 (1997)「待遇表現の広がりとその意識－中高生の自称表現を中心に」『言語』26-6, pp. 32-39, 大修館書店.

鈴木孝夫 (1973)『ことばと文化』岩波書店.

宋善花 (2009)「日本語, 朝鮮語, 中国語における人称詞の対照研究」東北大学大学院国際文化研究科国際文化交流論専攻博士学位論文

高橋美奈子 (2001)「沖縄県における女子大学生の人称表現」『ことば』22, pp.78-90, 現代日本語研究会.

田窪行則 (1992)「言語行動と視点－人称詞を中心に－」『日本語学』11-8, pp.20-27, 明治書院.

田窪行則 (1997)「日本語の人称表現」, 田窪行則（編）『視点と言語行動』pp.13-44, くろしお出版.

田中裕司 (2001)「日本語の受動文における動作主の省略と関係節化」, 中右実教授還暦記念論文集編集委員会（編）『意味と形のインターフェース 上巻』pp.411-422, くろしお出版.

崔鉉培 (1937)『ウリマルボン（우리말본）』延禧専門学校出版部.

鄭惠先 (1999)「「ぼく」と「おれ」の待遇価値の変化に関する考察」,『人間文化学研究集録』第9号, pp.68-80, 大阪府立大学大学院人間文化学研究科・総合科学研究科.

鄭惠先 (2000)「日本語と韓国語の人称詞に関する対照研究」,『人間文化学研究集録』第10号, pp.33-45, 大阪府立大学大学院人間文化学研究科・総合科学研究科.

鄭惠先 (2001)「複数を表す「たち」と「ら」の使用における選択条件―シナリオの分析結果を中心として―」,『社会言語科学』4-1, pp.58-67, 社会言語科学会.

鄭惠先 (2002a)「日本語と韓国語の人称詞の使用頻度－対訳資料から見た頻度差とその要因－」,『日本語教育』114号, pp.30-39, 日本語教育学会.

鄭惠先 (2002b)「日本語と韓国語における人称詞の使用実態－アンケート調査の分析結果から見る頻度差と用法の相違－」,『計量国語学』23-7, pp.333-346, 計量国語学会.

鄭惠先 (2005)「日本語と韓国語の複数形接尾辞の使用範囲－文学作品と意識調査の分析結果から－」,『日本語科学』第17号, pp.27-46, 国立国語研究所.

仁田義雄（1997）『日本語文法研究序説－日本語の記述文法を目指して』くろしお出版.

野元菊雄（1978）「日本語の性と数」『言語』7-6, pp.14-19, 大修館書店.

野元菊雄（1987）『敬語を使いこなす』講談社.

ハングル学会（한글학회）（編）（1994）『最新ハングル大辞典（우리말 큰사전）』白帝社.

平川八尋（1989）「主題省略の再生メカニズムにおける日本人と外国人日本語学習者の相違」
『日本語と日本文学』11, pp.1-8, 筑波大学国語国文学会.

廣瀬幸生（1996）「日英語再帰代名詞の再帰的用法について」『言語』25-7, pp.81-92, 大修館書店.

廣瀬幸生・加賀信宏（1997）日英語比較選書4『指示と照応と否定』研究社出版.

文化庁（編）（1979）「ことば」シリーズ11『言葉に関する問答集5』大蔵省印刷局.

堀井令以知（1970）「人称代名詞論」『愛知大学文学論集』pp.141-162, 愛知大学.

益岡隆志（1997）「表現の主観性」, 田窪行則（編）『視点と言語行動』pp.1-11, くろしお出版.

松下大三郎（1930）『標準日本口語法』中文館書店.

松本一男（1958）「南方方言の人称代名詞について」『中国語学』76, pp.5-11, 中国語学研究会.

水谷信子（2001）『続日英比較 話しことばの文法』くろしお出版.

宮城信勇（1989）「八重山方言の「わたしたち」「わが家」の二つの表現」, 沖縄文化協会（編）
『沖縄文化－沖縄文化協会創設40周年記念誌－』pp.375-383, ロマン書房.

森田良行（1980）『基礎日本語2』角川書店.

れいのるず・秋葉かつえ（1997）「言語と性差の研究－現在と将来－」, 井出祥子（編）『女
性語の世界』pp.199-216, 明治書院.

山越康裕（2001）「モンゴル語および近隣諸言語の複数接尾辞と名詞句階層」『日本言語学会
第123回大会予稿集』pp.266-271, 日本言語学会.

油谷幸利（1996）『朝鮮語入門』ひつじ書房.

渡辺文生（2001）「日本語の談話におけるゼロ形式の指示対象について」, 中右実教授還暦記
念論文集編集委員会（編）『意味と形のインターフェース 下巻』pp.847-857, くろしお出版.

付録 1

人を表すことばに関するアンケート

お忙しいところご協力いただき，ありがとうございます。このアンケートは，あなたが普段の会話の中で，自分のことや周りの人のことを指示するとき，どのようなことばで表しているのかを調べるためのものです。本アンケートは実態調査ですので正解はありません。あなたが感じたとおり記入していただければ結構です。調査結果は匿名で統計処理されるため，個人情報が外部に漏れることは一切ありません。　　　　　所属・氏名・連絡先（省略）

Ⅰ．次の場面で，下線部分の「自分」についてどう感じますか。自然だと思われたら〇を，不自然だと思われたら×を（　　）の中につけて下さい。

［場面１］ファミリーレストランで食事を終えた客がカウンターで勘定をしています。そのとき，客がテーブルに忘れてきた傘を従業員が持ってきて，「この傘，お客さんのじゃないですか？」とたずねました。以下の「自分」は自然ですか。（　　）

　　　「はい，自分のです」

［場面２］ホテルでチェックインを済ませて部屋に向かうとき，従業員が客の手提げカバンを見て「お持ちしましょうか」と声をかけました。以下の「自分」は自然ですか。（　　）

　　　「いいえ，自分で持っていきます」

Ⅱ．次の場面で，あなたが普段使っていると思われる番号を（　　）の中に書いて下さい。強いて一つを選ぶならどれにするか，必ず一つだけを選んで下さい。

［場面３］あなたは友人の鈴木さんの携帯に電話をかけました。呼び出し音の後，鈴木さんが出ました。自分の名前を言うとき，あなたはどのような言い方をしますか。（　　）

    1. 名前だけど。

    2. わたし，名前だけど。（わたしの他にあたし，ぼく，おれなどを使っても結構です）

［場面4］知人の山田さんに会ったあなたは，お腹が空いてきたので山田さんを食事に誘います。そのとき，あなたはどのような言い方をしますか。（　　）

    1. ご飯食べに行きましょう。

    2. わたしたち，ご飯食べに行きましょう。（わたしたちの他にあたしたち，ぼくら，ぼくたち，おれら，おれたちなどを使っても結構です。）

［場面5］あなたの留守中に友人の鈴木さんから電話があったというメモがありました。鈴木さんに電話をかけて確認をするとき，あなたはどのような言い方をしますか。（　　）

    1. わたしに電話した？（わたしの他にあたし，ぼく，おれなどを使っても結構です）

    2. 電話した？

    3. わたしに電話くれた？（わたしの他にあたし，ぼく，おれなどを使っても結構です）

    4. 電話くれた？

［場面6］あなたが知人の山田さんと街を歩いているとき，あなたの兄弟に会いました。山田さんに兄弟を紹介するとき，あなたはどのような言い方をしますか。（兄弟がいなくてもいると想定して答えて下さい）（　　）

    1. 兄です。（兄の他に姉，弟，妹を使っても結構です―以下同様）

    2. うちの兄です。

    3. わたしの兄です。（わたしの他にあたし，ぼく，おれなどを使っても結構です）

    4. 自分の兄です。

［場面7］一人暮らしをしている友人の鈴木さんから，先週引っ越しをしたという話を聞きました。そのとき，手伝いに行けなかったことを残念に思ったあなたはどのような言い方をしますか。（　　）

1．どうして<u>わたし</u>呼ばなかったの？（わたしの他にあたし，ぼく，おれ
　　などを使っても結構です）
2．どうして呼ばなかったの？
3．どうして<u>わたし</u>呼んでくれなかったの？（わたしの他にあたし，ぼく，
　　おれなどを使っても結構です）
4．どうして呼んでくれなかったの？

Ⅲ．次の場面で，◻︎◻︎◻︎に入ることばとしてより自然なのは１．と２．のう
　ちどちらですか。もし，両方ともまったく同じ程度に自然だと思われた
　ら３．を選んで下さい。

［場面8］オリンピック競技を中継しているアナウンサーのコメントです。
　　　「競技場では大勢の◻︎◻︎◻︎が手を振って応援しています」（　　）
　　　1．観衆　　　　2．観衆たち　　　3．1と2どちらでも良い

［場面9］男子校で学園祭が始まり，校門の前に次のような文句の看板が立てら
　　れました。
　　　「◻︎◻︎◻︎の学園祭へようこそ」（　　）
　　　1．ぼくら　　　2．ぼくたち　　　3．1と2どちらでも良い

［場面10］ある男性がつき合っていた彼女に別れたいと伝えます。
　　　「◻︎◻︎◻︎，もう別れよう」（　　）
　　　1．おれら　　　2．おれたち　　　3．1と2どちらでも良い

［場面11］野球部のキャプテンが部員達に，全国大会への出場が決まったこと
　　を伝えます。
　　　「いよいよ，◻︎◻︎◻︎のチームが全国大会に出場することになった」（　　）
　　　1．ぼくら　　　2．ぼくたち　　　3．1と2どちらでも良い

［場面12］ある老人が自分の孫に次のように話します。
　　　「最近の◻︎◻︎◻︎は年寄りを敬う気持ちがないんだ」（　　）
　　　1．若者　　　　2．若者たち　　　3．1と2どちらでも良い

188

[場面 13] 戦前生まれの男性が高校生を前に戦争時代について講演しています。

「◻◻◻◻の時代に比べると，今はとても平和な時代です」（　　）

1．ぼくら　　　　2．ぼくたち　　　　3．1と2どちらでも良い

[場面 14] つき合っていた彼女と別れることになった男性は男友達にそのことを話します。

「◻◻◻◻，もう別れることにした」（　　）

1．おれら　　　　2．おれたち　　　　3．1と2どちらでも良い

[場面 15] 全国大会への出場が決まった高校の野球部員が，出場できない他校の野球部員にそのことを自慢げに話します。

「全国大会には，◻◻◻◻のチームが出るんだ」（　　）

1．ぼくら　　　　2．ぼくたち　　　　3．1と2どちらでも良い

Ⅳ．次の場面で，あなたはA～Fの各相手にどのようなことばを使いますか。表の下の例を参考にして，あなたが普段使っていると思われることばを，表の空欄に書いて下さい。まわりの誰かを特定した方が答えやすいと思います。実際，該当する相手がいなくても，いると想定した上で書いて下さい。（複数回答可）

[場面 16] あなたはコーヒーショップに座っています。隣に座っていた人が店を出ようとして立ち上がったとき，あなたはその人が座っていた席にハンカチが落ちていることに気づきました。その人に「このハンカチは，あなたのじゃないか？」と聞くとき，あなたは相手のことを何といいますか。

（例えば，「これ，きみのじゃない？」，「このハンカチ，先生のじゃないですか」など）

	相手	相手を指すことば
A	「年下の兄弟」の場合	
B	「お父さん」の場合	
C	「同年代の知人」の場合	
D	「自分よりかなり年上の知人」の場合	
E	「初対面の子ども」の場合	
F	「初対面の自分よりかなり年上の人」の場合	

例）あなた／きみ／おまえ／あんた／おたく／自分／そちら／そっち／〇〇（相手の名前）／△△（相手の愛称）／〇〇さん／〇〇ちゃん／〇〇くん／課長／社長／お父さん／おじさん／おばさん／坊や／ぼく／お嬢さん　など

[場面17] あなたはコーヒーショップに座っています。隣の人が間違えてあなたのボールペンを自分のポケットの中に入れました。その人に「そのボールペンは，私のだ」というとき，あなたは<u>自分のこと</u>を何といいますか。

（例えば，「それ，<u>おれ</u>のだよ」，「そのボールペン，<u>おばさん</u>のだけど…」など）

	相手	自分を指すことば
A	「年下の兄弟」の場合	
B	「お父さん」の場合	
C	「同年代の知人」の場合	
D	「自分よりかなり年上の知人」の場合	
E	「初対面の子ども」の場合	
F	「初対面の自分よりかなり年上の人」の場合	

例）わたし／あたし／ぼく／おれ／わたくし／わし／自分／こちら／こっち／○○（自分の名前）／△△（自分の愛称）／おじさん／お兄さん　など

V．以下の場面内容を，あなたはどう感じますか。(1)～(4)の中から選んで○をつけて下さい。(3)か(4)と答えた方は，「より適切だと思えることば」を書いて下さい。

場面番号	場面内容	(1)まったく違和感がない	(2)それほどの違和感はない	(3)若干違和感がある	(4)非常に違和感がある	この欄は(3)か(4)を選んだ方のみご記入下さい より適切だと思えることば
18	結婚披露宴で新郎の友達代表（男性）がスピーチするとき，自分のことを「ぼく」という。 例）ぼくが初めて彼に会ったのは…					
19	若い女性社員が会社の上司に自分のことを「あたし」という。 例）その書類，あたしが作成したんですけど…。					
20	小学校で中年の女の先生が，多数の生徒のことを他の先生にいうとき，「子どもら」という。 例）子どもらはいま運動場に集まっています。					
21	50代の男性が食堂の人に注文するとき，自分のことを「わし」という。 例）わしはうどん。					

22	中年女性が仲のいい女友達に，自分たちのことを「わたしら」という。 例）わたしらもパソコンの勉強しようか。				
23	幼稚園児の男の子が友達と遊ぶとき，自分のことを「おれ」という。 例）今度はおれの番だよ。				
24	普段妻に自分のことを「おれ」という男性が，妻のことを「きみ」という。 例）今日はおれがきみより先に帰るんだね。				
25	若い女性が仲のいい女友達に「きみ」という。 例）きみはこれからどうするの？				
26	小学校で若い男の先生が，多数の生徒のことを他の先生にいうとき，「子どもら」という。 例）子どもらはいま運動場に集まっています。				
27	若い男性社員が会社の上司に自分のことを「おれ」という。 例）この仕事はおれにやらせて下さい。				

VI. 次は，あなたご自身のことについて質問します。1～2は該当するものの（　）に〇をつけ，3は直接記入して下さい。

1．性別：　男性（　　）　　女性（　　）

2．年齢：　10～19歳（　）　20～29歳（　　）　30～39歳（　　）

　　　　　　40～49歳（　）　50～59歳（　　）　60歳以上（　　）

3．あなたが今まで生活した土地を都道府県で記入して下さい。各期間内で移動があった場合は，→をつけて移動した順番に書いて下さい。ただし，移動が多い場合は代表的な土地だけを記入，なお，2年未満の居住については記入しなくても結構です。

　　　　　　ⅰ．小学校以前まで生活した土地：（　　　　　　　　　　）

　　　　　　ⅱ．小学校～高校まで生活した土地：（　　　　　　　　　）

　　　　　　ⅲ．成人になってから生活した土地：（　　　　　　　　　）

　以上です。お手数をおかけしますが，記入漏れなどがないか，もう一度ご確認下さい。最後に，本調査についてのご感想，または人を表すことばに関連して普段感じていることなどがありましたら，遠慮なく以下にお書き下さい。

ご協力，誠にありがとうございました。

付録 2

사람을 가리키는 말에 관한 의식조사

바쁘신 중에 본 조사에 협력해 주셔서 대단히 감사합니다. 이 설문지는 귀하가 일상대화 속에서 자신이나 주위 사람을 가리킬 때 어떤 표현을 사용하는지 알아보기 위한 것입니다. 본 설문지는 어디까지나 실태조사로서 <u>정답은 없습니다</u>. 주위사람과 의논하지 마시고 <u>귀하가 평소 느끼시는 대로만</u> 기입해 주시면 됩니다. 조사결과는 익명으로 통계처리되므로 개인정보가 외부에 누출될 우려는 전혀 없습니다.   조사자 소속 / 성명 / 연락처 (생략)

I. 아래 대답에서의 "자기"의 사용에 대해 어떻게 느끼십니까? <u>자연스럽다고 생각되면 ○를, 부자연스럽다고 생각되면 ×를</u> (   ) 안에 기입해 주십시오.

[장면 1] 한 손님이 레스토랑에서 식사를 마치고 카운터에서 계산을 하고 있습니다. 서빙을 하던 점원이 그 손님이 테이블에 두고 온 우산을 가지고 와서 손님 것이 아닌지를 확인합니다. 아래 대답의 "자기"는 자연스럽습니까? (   )
"예, <u>자기</u> 꺼예요."

[장면 2] 호텔에 숙박하게 된 손님이 체크인을 마치고 방으로 향하고 있습니다. 안내를 맡은 호텔종업원이 손님의 가방을 보고 "제가 들어 드리겠습니다"라고 말했습니다. 아래 대답의 "자기"는 자연스럽습니까? (   )
"아니요, <u>자기</u>가 들고 갈께요."

II. 다음 장면에서 <u>귀하가 평소 사용한다고 생각되는 문장의 번호를</u> (   ) 안에 <u>기입해 주십시오</u>. 굳이 하나를 꼽는다면 어느 것을 고를지 <u>반드시 하나만 선택해 주십시오</u>.

[장면 3] 당신은 친구의 휴대폰에 전화를 걸었습니다. 신호음이 울린 후 친구가 전화를 받았습니다. 당신 자신의 이름을 말할 때 당신은 어떻게 말합니까? (   )

1 . [이름] 인데….

2 . 나, [이름] 인데….

[장면 4] 당신이 귀가해 보니 친구로부터 전화가 왔다는 메모가 있었습니다 . 그
 친구에게 전화를 걸어 확인을 할 때 당신은 어떻게 말합니까 ? (   )

1 . 나한테 전화했어 ?

2 . 전화했어 ?

3 . 나한테 전화 줬어 ?

4 . 전화 줬어 ?

[장면 5] 당신은 오래간만에 잘 아는 사람을 만났습니다 . 그 사람에게 함께 식
 사하러 가기를 권할 때 당신은 어떻게 말합니까 ? (   )

1 . 밥 먹으러 가요 .

2 . 우리 밥 먹으러 가요 .

3 . 밥 먹으러 갑시다 .

4 . 우리 , 밥 먹으러 갑시다 .

[장면 6] 당신이 아는 사람과 길을 걷고 있을 때 당신의 형제 (또는 자매 , 남
 매) 와 우연히 만났습니다 . 함께 있던 사람에게 가족을 소개할 때 당신은
 어떻게 말합니까 ? (   )

1 . 형이에요 . ('형' 대신에 '오빠 , 누나 , 언니 , 동생' 을 써도 무방함 -
 아래 보기도 같음)

2 . 저희 형이에요 . ('저희' 대신에 '우리' 를 써도 무방함)

3 . 제 형이에요 . ('제' 대신에 '내' 를 써도 무방함)

4 . 자기 형이에요 .

[장면 7] 혼자 사는 친구로부터 지난 주에 이사를 했다는 이야기를 들었습니
 다 . 당신은 이사하는 것을 도와주지 못해서 유감스러웠습니다 . 그 때 당신
 은 어떻게 말합니까 ? (   )

1 . 왜 나 안 불렀어 ?

2 . 왜 안 불렀어 ?

3 . 왜 나 안 불러 줬어 ?

4 . 왜 안 불러 줬어 ?

Ⅲ. 다음 장면내용의 밑줄 부분에 대해서 귀하는 어떻게 느끼십니까? (1) ~ (4) 중에서 골라 ○를 기입해 주십시오. (3) 이나 (4) 라고 하신 분은 보다 적절한 단어를 적어 주십시오.

장면 번호	장면 내용	(1) 전혀 거부감이 없다	(2) 별로 거부감은 없다	(3) 약간 거부감이 있다	(4) 매우 거부감이 있다	((3) 이나 (4) 를 고른 분만 쓰세요) 보다 적절한 단어
8	중년 여성이 친하게 지내는 이웃집 아이 수진이에게 "우리 수진이" 라는 표현을 쓴다. 예) 우리 수진이는 참 착하네.					
9	결혼식에서 사회를 보게 된 신랑의 친구가 자기 소개를 할 때 "나" 라고 말한다. 예) 나는 신랑 김창호군의 대학 동창으로서 ...					
10	대표자가 창호씨인 모임의 사람들을 통 털어서 "창호씨들" 이라고 말한다. 예) 창호씨들도 함께 가시죠.					
11	대표자가 창호씨인 모임의 사람들을 통 털어서 이야기할 때 "창호씨네" 라고 말한다. 예) 창호씨네도 함께 가시죠.					
12	기혼 남성이 자기 아내에 대해서 친구에게 이야기할 때 "우리 집사람" 이라고 말 한다. 예) 오늘 우리 집사람은 동창회에 간다고 나갔어.					

Ⅳ. 다음 장면에서 귀하는 A~F의 각 상대에게 어떤 단어를 사용합니까? 표 아래의 보기를 참조하여 귀하가 평소 사용하고 있다고 생각되는 단어를 표의 빈칸에 써 넣어 주십시오. 주위의 누군가를 떠올리면서 쓰는 편이 기입하기 쉬우리라고 생각합니다. 실제로 해당하는 상대가 없더라도 있는 것으로 가정하여 써 주십시오. (복수응답 가)

[장면 13] 당신은 커피숍에 앉아 있습니다. 옆에 앉아 있던 사람이 가게를 나가려고 일어섰을 때 그 사람이 앉아 있던 자리에 손수건이 떨어져 있는 것을 보았습니다. 그 사람에게 '이 손수건은 당신 것이 아닌가' 라고 물어 볼 때 당신은 상대방을 가리켜 어떤 단어를 사용합니까?

(예) "이거 선생님 꺼 아닌가요?", 또는 "이 손수건, 니 꺼 아냐?" 등등.

	상대	상대방을 가리키는 말
A	[손아래 형제 / 자매 / 남매] 의 경우	
B	[아버지] 의 경우	
C	[자신과 비슷한 나이의 잘 아는 사람] 의 경우	
D	[자신보다 나이가 아주 많지만 잘 아는 사람] 의 경우	
E	[처음 만난 어린이] 의 경우	
F	[처음 만난 자신보다 나이가 아주 많은 사람] 의 경우	

보기) 너 (니, 네) / 당신 / 자네 / 자기 / 그쪽 / 본인 / ○○씨 (상대방의 이름, 별명) / ○○씨 / 사장님 / 과장님 / 선생님 / 아버지 / 아버님 / 아빠 / 아저씨 / 아주머니 / 아줌마 등등

[장면 14] 당신은 커피숍에 앉아 있습니다. 옆 사람이 실수로 당신의 볼펜을 자기 주머니에 집어 넣는 것을 보았습니다. 그 사람에게 '그 볼펜은 나의 것이다' 라고 말할 때 당신은 <u>당신자신을 가리켜</u> 어떤 단어를 사용합니까?
(예) "그거, <u>아저씨</u> 꺼다.", 또는 "그 볼펜, <u>제</u> 건데요." 등등.

	상대	자신을 가리키는 말
A	[손아래 형제 / 자매 / 남매] 의 경우	
B	[아버지] 의 경우	
C	[자신과 비슷한 나이의 잘 아는 사람] 의 경우	
D	[자신보다 나이가 아주 많지만 잘 아는 사람] 의 경우	
E	[처음 만난 어린이] 의 경우	
F	[처음 만난 자신보다 나이가 아주 많은 사람] 의 경우	

보기) 나 (내) / 저 (제) / 자기 / 이쪽 / ○○ (자신의 이름, 별명) / 아저씨 / 아주머니 / 아줌마 / 형 / 형님 / 누나 / 누님 / 언니 / 오빠 등등

V. 다음 장면의 ☐에 들어가는 말로서 <u>보다 자연스러운 것은1과2중에서 어느쪽입니까?</u> 만약 양쪽 다 똑같은 정도로 자연스럽다고 생각되면 3을 선택해 주십시오.

[장면 15] 학급회의에서 선생님이 다음과 같은 말로 반학생들에게 의견을 묻고 있습니다.
   "나는 이 문제에 대한 ☐생각을 알고 싶다." (   )
      1. 너희들   2. 너희   3. 1과 2 둘다 좋다.

[장면 16] 자신과는 <u>다른 학교</u>에 다니는 친구와 길을 걸어가던 여고생이 자신의 학교선생님을 보았습니다. 그녀는 친구에게 다음과 같이 말합니다.
   "저기 걸어 가는 사람, ☐학교 선생님이야." (   )
      1. 우리들   2. 우리   3. 1과 2 둘다 좋다.

196

[장면 17] 올림픽 경기를 중계하고 있는 아나운서가 다음과 같이 말합니다.
　　"경기장에서는 많은 ☐☐☐☐이 손을 흔들며 응원하고 있습니다." (　　)
　　　1. 관중들　　2. 관중　　3. 1과 2 둘다 좋다.

[장면 18] 어느 궐기대회에서 단상에 나선 한 유명인사가 대중에게 동조를 호
　소하며 다음과 같이 말합니다.
　　"이번 사태의 해결을 위해 ☐☐☐☐은 (는) 다함께 힘을 합쳐야 합니다."
　(　)
　　　1. 우리들　　2. 우리　　3. 1과 2 둘다 좋다.

[장면 19] 자신과 <u>같은 학교</u>에 다니는 친구와 길을 걸어가던 여고생이 자신들
　의 학교선생님을 보았습니다. 그녀는 친구에게 다음과 같이 말합니다.
　　"저기 걸어가는 사람, ☐☐☐☐학교선생님 아냐?" (　　)
　　　1. 우리들　　2. 우리　　3. 1과 2 둘다 좋다.

[장면 20] 한 노인이 손자에게 이야기하고 있습니다.
　　"요즘 ☐☐☐☐은 (는) 노인을 공경할 줄 몰라서 걱정이야." (　　)
　　　1. 젊은이들　　2. 젊은이　　3. 1과 2 둘다 좋다.

Ⅵ. 다음은 귀하 자신에 대해서 질문하겠습니다. <u>1~2는 해당하는 것의 (　)안에
○를 기입하고, 3은 직접 써 넣어 주십시오.</u>

1. 성별 : 남자 (　　)　　여자 (　　)
2. 연령 : 10 ~ 19세 (　　)　20 ~ 29세 (　　)　30 ~ 39세 (　　)
　　　　40 ~ 49세 (　　)　50 ~ 59세 (　　)　60세이상 (　　)
3. 귀하가 지금까지 생활한 지역을 도 또는 시 단위로 기입해 주십시오. 각 기
　간내에 이동이 있었을 경우에는 이동한 순서대로 →로 연결하여 써 주십시
　오. 단, 이동이 많은 경우에는 대표적인 지역만을 기입하고, 또한 2년미만
　의 거주지에 대해서는 기입하지 않으셔도 무방합니다.
　　　(1) 초등학교 이전까지 생활한 곳　　　(　　　　　　)
　　　(2) 초등학교부터 고등학교까지 생활한 곳 (　　　　　　)
　　　(3) 성인이 되고나서 부터 생활한 곳　　 (　　　　　　)

　이상입니다. 번거로우시더라도 기입에 빠진 곳이 없는지 다시 한번 확인해 주시기 바랍니다. 마지막으로 본 설문지에 대한 감상이나 사람을 가리키는 말과 관련해 평소에 느끼신 점 등이 있으시면 무엇이든지 아래에 써 주시면 감사하겠습니다.

　　　　　　　　　　　　　　오랜 시간 협조해 주셔서 대단히 감사합니다.

付録3

ハングル字母と Yale 方式によるローマ字対照表

子音 Consonants	
ハングル字母	Yale 方式
ㄱ	k
ㄲ	kk
ㄴ	n
ㄷ	t
ㄸ	tt
ㄹ	l
ㅁ	m
ㅂ	p
ㅃ	pp
ㅅ	s
ㅆ	ss
ㅇ	ng
ㅈ	c
ㅉ	cc
ㅊ	ch
ㅋ	kh
ㅌ	th
ㅍ	ph
ㅎ	h

※ただし、「ㅇ」が初声の場合は、何も表記しない。

母音 Vowels	
ハングル字母	Yale 方式
ㅏ	a
ㅓ	e
ㅗ	o
ㅜ	wu
ㅡ	u
ㅣ	i
ㅐ	ay
ㅔ	ey
ㅚ	oy
ㅟ	wi
ㅑ	ya
ㅕ	ye
ㅛ	yo
ㅠ	yu
ㅒ	yay
ㅖ	yey
ㅘ	wa
ㅙ	way
ㅝ	we
ㅞ	wey
ㅢ	uy

※原則、「ㅜ」は「ㅁ, ㅂ, ㅃ, ㅍ」の後ろで「u」と表記されるが、本書では便宜上、統一して「wu」と表記する。

あとがき

　15 年前の博士学位論文を一冊の本としてまとめてみないかというご提案をいただいたときに、大変ありがたく受け止めながらも最初は丁重にお断りするつもりでいました。時代別の文学作品や意識調査の結果が主な研究手法となる本論文の特性上、時間の経過は研究意義の消失に直結すると考えたからです。

　しかし、もしかするとそうではないかもしれないと考え直しました。現在は、インターネットの普及とオープンアクセスの進展にともない、各大学の学術機関リポジトリで手軽に学位論文の全文を入手できるようになってきましたが、15 年も前の論文となればそう簡単には手に入りません。学位取得を前後して、すでに本書の一部分がいくつかの学術誌に掲載されてはいますが、それでも全体をまとめて公開することで、これから日本語と韓国語の人称詞、複数形接尾辞に興味を持って研究に携わる方々に、本書がひとつの足場になれるのではないかという期待がありました。少なくとも、発展的な批判の対象にしてもらえるだけでも刊行の意義はあると思ったのです。

　刊行を決めてから、ひさしぶりに昔のファイルを取り出してみると、まず論文中のハングル文字がすべて文字化けしていて一から入力し直さなければならない状況に、あらためて歳月の流れを実感しました。思い起こせば、博士論文を執筆していた当時は、データとなる電子版の文学作品も少なく、映画シナリオ集の用例の収集はすべて手作業でしたし、当然ながら、1000 名を超える被験者による意識調査の結果も、ひとりで山積みの質問票をめくりながらこつこつと入力して集計を行っていました。大変な手作業の記憶とともに、自分の研究だけに集中できたあの時代が懐かしくもなりました。

　一方で、時間が経ったからこそ見えてくる論文の内容と論旨に対する物足りなさや詰めの甘さにあらためて気づくことができました。人称詞のみならず複数形接尾辞までに考察の範囲を広げ、さらに韓国語との対照までを視野に入れた研究で、当時は自分のオリジナリティーだと意気揚々と進めていたことが、今になって読み返せば、それぞれの有機的な関連性が見えにくかったり、根拠に乏しい結論を述べていたりしていることへの反省が残ります。学位論文を提出してからは、自分の研究への興味が日韓役割語対照研究に移ったこともあり、いわゆる人称詞中心の研究から離れてしまいましたので、これからこの反省を生かすチャンスが自分にはもうないのかもしれません。そういった意味でも、

ぜひ若手の研究者の皆さんには、本書を批判的な検討材料として活用していただけるとありがたいです。

　この場を借りて、私の学位論文が世に出るまでの 6 年間、大学院でご指導くださいました国立国語研究所の野田尚史先生に、あらためてお礼の言葉をお伝えしたいです。自分が実際に学生を指導する立場になってから、あのときの野田先生の心のこもったご指導と当時の恵まれた環境のありがたさを身にしみて感じることができました。先生に投稿論文の草案を持って行くと、ときには厳しくときにはやさしくとことんつきあってくださり、気がつけば 5 時間もぶっ通しでご指導いただいたこともありました。当時、暖かい仲間と切磋琢磨しながら一緒にがんばってきた「野田研」というコミュニティは、今でも私の貴重な財産であり研究者としての私の拠り所です。

　最後に、長らくホコリを被っていた私の学位論文の刊行を積極的に勧めてくださり、自分の研究の原点にもどってこれまでをふり返る貴重な機会を与えてくださった大阪府立大学の張麟声先生に心から感謝いたします。また、日中言語文化出版社の関谷一雄社長、そしてきめ細かくご丁寧に編集作業をご担当くださった中村奈々さまにもお礼を申し上げます。

令和元年 12 月

鄭　惠先

日本語人称詞の社会言語学的研究

2020 年 10 月 5 日　初版第 1 刷発行

　　著　者　　鄭　　　惠　先
　　発行者　　関　谷　一　雄
　　発行所　　日中言語文化出版社
　　　　　　　〒531-0074 大阪市北区本庄東 2 丁目 13 番 21 号
　　　　　　　ＴＥＬ　０６（６４８５）２４０６
　　　　　　　ＦＡＸ　０６（６３７１）２３０３
　　印刷所　　有限会社 扶桑印刷社